저자의 글 중에 '니고데모에게 천국을 보는 안경이 필요했다'는 말에 깊이 공감한다. 우리는 모두 니고데모이다. 천국을 볼 수 있는 안경이 필요한… 하나님은 천지 만물을 말씀으로 창조하셨다. 천지를 창조하신 하나님의 말씀은 단순한 언어가 아닌 '로고스'(Logos)였다. 그것은 하나님의 정신(spirit)을 의미한다. 그것은 하나님의 철학을 의미하고, 하나님의 세계관을 의미한다. 그 하나님의 관(觀)을 볼 수 있는 안경을 쓰게 될 때 세상이 보이고, 인생이 보일 것이다. 그리고 하나님이 보일 것이다. 좋은 안경을 만들어 주신 저자에게 감사를 드린다.

― 김동호 · 높은뜻연합선교회 대표

이 책은 지금까지 몇몇 서구 번역서에 의존하여 이론적 차원에서 접근해 온 우리의 세계관 논의 차원을 벗어나, 우리의 현실과 문화를 배경으로 이론적인 동시에 실천적 차원에서 성경적 세계관을 간명하게 이해할 수 있도록 인도해 주고 있다. 목회자와 교사는 물론 우리 삶의 모든 영역에서 선한 싸움을 잘 싸우고 승리하는 그리스도인이 되기를 소망하는 모든 성도들의 필독서이다.

― 김성수 · 고신대학교 기독교교육과 교수

한국 사람이 한국적 상황을 염두에 두고 썼다고 다 좋은 책이 되지는 않는다. 저자는 국내와 해외의 철학적, 신학적, 문화적 맥락을 두루 꿰면서 한국의 기독교 세계관 운동에 표준적 저술과 잣대를 제공해 왔다. 이 책은 읽기엔 쉬워 보이나, 담아 둔 내용은 후학들의 문제 제기까지 챙겨 들으며 대화와 배움의 자세를 늘 견지해 온 학자적 품성을 고스란히 느끼게 해준다. 이 책으로 한국의 기독교 세계관 운동은 또 한걸음 전진했다.

― 양희송 · 청어람아카데미 기획실장

까다로운 개념을 알기 쉽게 설명하는 일은 탁월한 이해와 섬기는 수고가 있어야 가능하다. 그렇기에 이 책에 정성스레 풀어 낸 세계관 이야기에는 저자의 섬김의 수고가 고스란히 담겨 있다. 그저 그 이야기의 재미에 흠뻑 빠져 보기를 권해 본다. 일독을 마치고 이 책을 내려놓는 독자들의 손엔 어느덧 창조-타락-구속의 원리가 한 줌에 들려 있고, 그 눈엔 어지러운 세상에서 흐릿해져 버린 시력을 되찾아 줄 가벼운 안경이 씌어져 있으리라. 그리스도의 심장으로 세상을 품으려는 모든 그리스도인에게 꼭 권하고 싶은 책이다.

― 장수영 · 포항공대 산업경영공학과 교수

20대의 신국원에게 '기독교 세계관'은, 화염병과 최루탄이 날아다니던 70-80년대의 캠퍼스에서 그리스도의 눈으로 세상을 바라보게 해준 '니고데모의 안경'이었다. 50대에 들어선 그에게 기독교 세계관은 21세기의 한국 교회와 사회를 성경적 진리로 바로 세우는 강력한 도구다. 그가 이야기해 주는 기독교 세계관의 윤곽은 서구와 크게 다르지 않다. 그러나 이 책에는 그의 체험과 목소리가 들어 있다. 이 목소리가 한국적 기독교 세계관을 향한 여정으로 우리를 안내할 것이다.

― 최태연 · 천안대학교 기독학부 기독교철학 전공 교수

니고데모의 안경

니고데모의 안경

쉽게 풀어 쓴 신국원의 기독교 세계관 이야기

신국원

Ivp

IVP(InterVarsity Press)는
캠퍼스와 세상 속의 하나님 나라 운동을 지향하는
IVF(InterVarsity Christian Fellowship)의 출판부로
생각하는 그리스도인을 위한 문서 운동을 실천합니다.

우리의 눈을 열어
기독교 세계관의 중요성을 깨닫게 해준
웨슬리에게 이 책을 바칩니다.

Dedicated to
Wesley Wentworth
who helped open our eyes to the importance of
the Christian worldview.

차례

감사의 글　11
서언 __ 우리의 기독교 세계관 이야기　13
제1장 __ 세계, 세계관 그리고 문화　17
제2장 __ 기독교 세계관　37
제3장 __ 하나님의 창조 계획　53
제4장 __ 사람이 특별한 이유　71
제5장 __ 악과 고통의 문제　87
제6장 __ 타락의 결과　103
제7장 __ 세상의 소망　119
제8장 __ 구속된 세상　137
제9장 __ 하나님 나라의 내림(來臨)　151
제10장 __ 하나님 나라 백성의 삶　171
결언 __ 우리 기독교 세계관 운동의 비전　189
부록 1 __ 추천 도서　200
부록 2 __ 연구기관 및 학교 목록　204

감사의 글

한국에서 기독교 세계관 운동이 시작된 지도 한 세대를 넘어섰다. 처음에 학생들 몇이 모여 세계관에 관한 책을 읽고 토론하던 모임이 이처럼 커다란 운동을 이루었으니 감사한 일이다.

이 운동의 철학과 신학을 깊이 알고 처음부터 지도적 역할을 하신 분이 바로 손봉호 선생님이다. 물론 웨슬리 웬트워스(Wesley Wentworth), 즉 원이삼 선생님을 빼고 한국의 기독교 세계관 이야기를 하는 것은 불가능하다. 손봉호 선생님이야 잘 알려진 분이시기에 무슨 말을 한다는 것이 조심스럽다. 그러나 웨슬리에 대해서는 조금 이야기를 해야 할 것 같다.

웨슬리는 평신도 선교사요 기독교 세계관 전도사였다. 이제는 기독교 교육의 전도사로 진일보한 비전을 제시하고 있다. 그는 한국을 사랑하여 스스로 일하여 얻은 모든 것을 평생 한국에 쏟아부은 분이다. 이 시대의 살아 있는 사도 바울과 같은 사람이다. 한국에서 기독교적 학문과 교육을 생각하는 사람이라면, 그분의 도움을 받지 않은 사람은 없을 것이다. 그는 한국 기독교 세계관 운동의 견인차였다. 당시 학부 학생이었던 초창기 멤버들에게 비전과 공부할 필독서를 공급해 준 분이다. 무엇보다도 그는 줄곧 우리의 친구가 되어 주었다. 언젠가는 그의 이야기를 책으로 써야 할 것이라는 생각을 늘 하고 있다.

이 책을 웨슬리에게 헌정하는 이유는 바로 여기에 있다. 영원한 청년으로 언제나 이 운동을 함께 할 것 같던 그가 벌써 칠순을 맞았기에, 이 책이 작은 선물이 되었으면 하는 바람이다. 웨슬리에게 존경 어린 감사를 느끼는 것은 비단 나뿐만은 아니다. 학생 시절부터 바른 안목과 삶의 자세를 배워 오늘에 이른 모든 이들을 감히 대신하여 감사 드린다.

아울러 함께 이 운동을 해 온 여러 동료들에게 감사한다. 총신대학 동기로서 황영철, 김헌수, 이승구를 꼽을 수 있다. 오창희와 양성만 교수에게도 감사한다. 홍병룡 형제에게도 감사한다. 이정석과 송인규, 그리고 강영안 선배에게 감사한다.

이 책이 출판되기까지 분당중앙교회 성도들의 후원과 기도에 힘입었음을 감사한다. 이 책은 오랜 동안 묵혀 있던 책이다. 이미 여러 세계관 책들이 번역 또는 저술되었기에 굳이 낼 필요가 없다고 느꼈다. 하지만 교회에서 여러 번 이 공부를 하면서 교우들의 격려를 받았다. 특히 최종천 목사님의 후원과 교회의 지원을 받아 칼빈 대학과 일리노이 대학교에서 문화 연구를 하면서, 또 이미 펴낸 「변혁과 샬롬의 대중문화론」을 쓰면서 틈틈이 작업하여 이제 세상에 내어 놓는 것이다.

내 아내 신동원은 내가 쓴 모든 책들을 꼼꼼히 읽고 평을 해주었다. 설교와 글 모두에서 아내는 내게 가장 공평하고 정직한 평자이기에 감사한다. 이제는 성숙하여 대학에 들어가는 큰 딸 희원과 고교생인 현진도 이 책을 읽고 평을 해주었다. 주위에서 읽고 평을 해준 많은 분들을 일일히 거명하지 못하는 것이 미안할 뿐이다.

포항공대의 장수영 교수와 부산대의 이용권 교수에게도 감사드린다. 총신대 졸업생인 김성중 군은 교정을 해주었다. 또 내 기독교 세계관과 철학 수업에 참여한 총신대 학우들이 이 책에 많은 기여를 해주었다. 감사드린다.

서언: 우리의 기독교 세계관 이야기

∷ 니고데모의 안경

니고데모는 안경이 필요한 사람이었다. 진심으로 하나님 나라를 보기 원했다면 말이다. 그것을 모른 채 그가 예수님과 나누는 대화는 답답하기 그지 없다. 지식인 소리를 들었을 그가 다음에 나오는 사마리아 여인보다 더 말귀를 못 알아들었다. 대화는 동문서답으로 헛돌다 끝난 것처럼 보인다. 그가 하나님 나라를 볼 수 없는 것은 거듭나지 못했기 때문이다. 어머니 뱃속에 다시 들어갔다 나온다고 해결될 일이 아니었다. 그에게 필요한 것은 안목을 거듭나게 하는 복음의 안경이었다. 훗날 예수님의 주검에 향품을 바르러 온 니고데모는 이 안경을 쓰고 있었다.

나는 여기서 우리 주변에 있었던 니고데모 이야기를 하려고 한다. 그 이야기는 20여 년 전 최루탄과 화염병의 매캐한 냄새가 대학가를 뒤덮었던 시절로 거슬러 올라간다. 우리의 니고데모는 항상 마음이 무거웠다. 사회 전체가 끝없이 요동치는 것이 불안해서가 아니었다. 자신의 엉거주춤한 태도 때문이었다. 친구가 반정부 데모를 하러 가자고 했을 때 망설이던 모습이 그랬다. 정치가 변해야 한다는 인식은 친구와 다르지 않았다. 그러나 막상 그를 따라 나서지 못했던 것이다. 민주화 운동을 하다 붙잡혀 고생하는 이야기가 주변에서 들려올 땐 더욱 마음이 무거웠다. 현실에 대해 아무런 행동을 하지 않고 있다는 생각이 그를 짓눌렀다.

우리의 니고데모가 누구인지 궁금해할 필요는 없다. 1970-80년대를 살았던 복음주의 그리스도인은 누구나 그일 가능성이 있기 때문이다. 그들은 눌리는 마음으로 학교를 다녔다. 사회에 진출한 후엔 대개 적당히 현실에 적응하기도 했다. 물론 그 가운데는 계속 이 문제와 씨름하던 이들도 있었다. 본래 비전은 어두운 시대를 배경으로 서서히 빛나게 마련이라고 했던가. 그들이 기독교 세계관이 제시하는 비전에 눈을 뜨게 된 것도 이런 암울한 시대를 배경으로 해서였다. 똑같이 무거운 마음을 풀기 위해 애쓰는 이들이 적지 않다는 것은 큰 위안이 되었다. 그들과의 대화나 토론이 새로운 방향을 열어가는 중요한 계기가 되었다. 한국의 기독교 세계관 운동은 그렇게 해서 시작되었다.

:: 별난 현실 참여

보다 구체적으로 이들의 눈을 열어 준 것은 개혁주의 신앙의 폭넓은 관점이었다. 개혁주의 신앙에는, 복음주의 교회에서는 찾기 힘들었던 삶과 세계에 대한 실제적 비전이 있었다. 그것은 이들에게 신앙과 삶을 바라볼 새로운 안목을 열어 주었다. 정치 현실에 대한 고민을 통해서 신앙이 삶 속에서 구체적으로 어떻게 드러나야 하는지에 대한 실마리를 발견한 것이다. 특히 선교사나 목사 또는 선교 단체 간사의 길을 택하지 않은 이들에겐 이 깨달음이 정말 소중했다. 매일 다른 세계관을 가진 사람들과 부딪치며 남다른 삶을 살려던 그들에겐 너무나 절실한 깨달음이었다.

그런 도전은 학문의 길을 택했던 이들에게 더했다. 그들은 무엇보다도 성경과 기독교 신앙이 세계와 삶에 대한 구체적인 조망을 제시한다는 점에 긍지를 갖게 된다. 자연주의, 인본주의, 마르크스주의, 무신론보다 더 신빙성 있고 설득력 있는 세계관을 발견했던 것이다. 그들은 그것을 공부했고 토론했고 가르쳤다. 그것에 입각해 사회와 문화를 바꾸는 변혁적 실천을 할 수 있기를 꿈꿨다. 모임을 만들어 외국의 앞선 사례들을 연구하기 시작했다. 시간이 지나면서 책을 번역하고 쓰기도 했다. 그것은 운동권과는 다른 방식으로 행한 현실 참여였다.

∷ 한 세대 이후: 새로운 도전

한 세대 전, 기독교 세계관 운동의 동기를 제공했던 상황은 이제 많이 달라졌다. 우리 사회 전체를 좌우했던 민주화라는 거대한 담론은 다양한 실천적 관심사로 분산되었다. 민주화를 중심으로 벌어지던 이데올로기 논쟁은 개혁이라는 구호에 자리를 내주었기 때문이다. 물론 진보와 보수의 대립이라는 형태로 좌우 이념 논쟁은 남아 있다. 그러나 그것은 정치, 경제, 문화, 예술, 교육, 학문, 종교의 영역에서 잘게 쪼개어져 산발적인 게릴라전으로 벌어지고 있다. 그람시(Antonio Gramsci)가 말한 바와 같이 이제는 전면전이 아니라 참호전의 형태를 띠고 있다. 알튀세르(Louis Althusser)의 표현처럼 더 이상 국가의 억압적인 권력을 상대로 한 투쟁이 아니라 시민 단체와 미디어 같은 이데올로기적 기구의 불꽃 튀는 싸움이 벌어지고 있다.

이런 상황은 전 세계를 휩쓸고 있는 바, 거대 담론에 대한 의심이 특징인 포스트모더니즘과도 무관하지 않다. 이런 가운데 거대 담론의 원조라고 할 수 있는 기독교 세계관이 무슨 의미를 갖는지 돌아보지 않을 수 없다. 하나님의 계시된 진리는 시대가 달라도 변하지 않는다. 순종하는 방식이 변할 뿐이다. 그것은 당연히 변해야만 한다. 기독교 세계관 담론 역시 지금 우리가 직면하고 있는 문제와 씨름하는 수고를 피할 수 없다. 그렇지 않으면 어렵사리 세워진 세계관 운동의 귀한 전통이 죽은 전통이 되고 말 것이다. 누군가의 말처럼 진정한 전통은 죽은 자의 산 신앙이다. 굳은 전통은 산 자의 죽은 신앙이 되고 만다.

:: 다시 기초로 돌아가자

우리는 이런 상황일수록 비전을 분명히 해야 한다. 위기가 닥치면 근본으로 돌아가는 것이 최선의 해결이다. 즉 비전의 뿌리를 확인하는 작업이 필요하다. 불변하는 절대적인 진리를 믿는 그리스도인이 이 시대에 어떤 세계관을 가져야 하는가를 고민하지 않을 수 없다. 이를 위해서 나는 다시 성경적 세계관의 뿌리로 돌아가야 한다고 생각했다.

미국 프로 축구 챔피언을 여러 차례 석권한 그린베이(Green Bay) 팀 감독의 일화는 교훈적이다. 그는 게임에서 지면 그 다음 날 반드시 선수들을 불러 놓고 기초부터 다시 훈련을 시키곤 했다고 한다. 그는 고구마와 같이 생긴 공을 치켜들고 이렇게 말했다고 한다. "제군들 이것이 공이다." 누군들 그것이 공인 줄 모르겠는가. 요는, 정말 기초부터 시작하는 것이 중요하다는 이야기다. 모든 기초는 단순하고 분명하다. 그러나 아무리 고급한 수준의 실천가라 해도 이 기본을 늘 연마해야 한다. 마치 합창단이 하루의 일과를 발성 연습으로 시작하듯이. 이 책은 그 기본을 제시하고자 한다.

시대의 변화에 적절한 대응을 하지 못하면 운동성은 급속히 약화되기 마련이다. 기독교 세계관에 대한 열정을 가지고 열심히 공부해 보았으나 실망한 이들이 많다. 생명력과 역동성을 잃은 운동은 늘 염증을 느끼게 하기 마련이다. 기독교 세계관 운동이 진부한 상태에 빠졌다면 거기서 벗어나는 길은 하나밖에 없다. 근본으로 돌아가 다시 시작하는 일이다. 그래서 이 책을 쓰면서 감히 이렇게 말하고 싶다. "여러분 이것이 기독교 세계관입니다."

제1장
세계, 세계관 그리고 문화

:: 세상과 인생을 보는 창

사당동 총신대의 내 사무실에는 남향으로 난 커다란 창문이 있다. 고개만 들면 관악산이 한눈에 들어온다. 미국 미시간 주의 칼빈 대학에서 쓰던 연구실에는 창문이 없었다. 대신 출입문에 길이 1미터에 폭 10센티미터도 되지 않는 길고 좁은 유리가 끼워져 있었다. 유리를 통해 보이는 것은 복도뿐이라 답답해서 아예 문을 열어 놓고 지냈다. 이 글을 쓰고 있는 샴페인의 일리노이 대학 연구실의 창은 발치부터 어깨 높이까지 오는 부채꼴이다. 자연히 아래쪽만 보인다. 이 창문들을 통해 내게 보이는 세상은 각기 다른 모습을 하고 있다.

창문만 그런 것이 아니다. 한 편의 영화가 세상을 달리 보게 만들 수 있다. 책도 마찬가지다. 대학 시절 읽은 이청준의 소설 「당신들의 천국」(문학과 지성사)이 그랬다. 나환자촌 병원장이 외쳤던 "천국"은 결국 원장만을 위한 왕국으로 끝나더라는 이야기이다. 그 책은 개인의 야심을 공동체의 비전인 양 설파하는 기만을 알아볼 수 있는 눈을 뜨게 해주었다. 근래에는 영화 "패션 오브 크라이스트"(The Passion of the Christ)를 통해 그리스도인이 받아야 할 고난을 새롭게 보게 되었다. 성 프란체스코의 "평화의 기도"는 암송할 때마다 화해자의 눈을 갖고자 하는 소원이 새로워진다. 이처럼 한 편의 시, 아니 글 한 줄도 새로운 세상을 열어 보여 줄 수 있다.

명작만 그런 기능을 하는 것은 아니다. 포르노는 "강간의 이론"이라는 주장이 있다. 폭력물은 살인 교과서일 수 있다. 특정 장면에 대한 우려가 아니다. 문제는 세계를 바라보는 안목에 있다. 여성을 쾌락의 도구로 보는 시각 때문이다. 사람을 바퀴벌레 잡듯 하는 관점이 문제다. 물론 보는 이에게 판단력이 있음을 무시해서 하는 말이 아니다. 하지만 예술로 강화된 관점이 얼마나 큰 영향을 미치는지를 간과해서는 안 된다.

신문이나 만화도 그렇다. 노래도 마찬가지다. 특히 세계를 펼쳐 보여 주는 텔레비전이나 인터넷은 말할 나위 없다. 미디어나 통신 기술은 단순한 기계 장치가 아니다. 모두 세계를 열어 주는 창이다. 언론학자 맥루한(Marshall McLuhan)의 말처럼 미디어는 그 자체가 메시지요 세계를 보는 창이다. 책이나 스크린, 모니터가 모두 창처럼 네모 반듯하게 생긴 것은 우연만은 아닐 것이다.

우리는 여러 가지 창문을 통해 세상을 본다. 이 세계는 물론 하나다. 모든 인류가 다 함께 그것을 보고 듣고 만지며 경험한다. 세상은 우리 모두가 그 속에서 다같이 먹고 마시며 살아가는 시간과 공간이다. 만들고 또 부수기도 하는 인간 행위의 장이다. 그러나 인간은 그 하나의 세계를 각기 독특하게 인식한다. 세상을 보는 창문이 다양하기 때문이다. 세계관은 세상과 인생을 내다보는 창이다. 세계 인식의 통일성은 세계가 하나라는 사실에 기초해 있다. 하지만 경험된 세계의 다양성은 그것을 바라보는 창문, 즉 세계관이 다양하다는 것에서 비롯된다.

세계관은 세계를 바라보는 안목을 열어 준다. 그것은 세계를 경험하는 개인적이며 사회적인 특이한 방식이다. 개인의 차원에서 보면 세계관은 그 사람의 인격과 안목의 수준이다. 한 사회와 문화 역시 독특한 사조와 비전과 생활 방식을 공유한다. 그것은 그 기초에 동일한 지배적인 세계관이 작동하고 있기 때문이다. 물론 오늘과 같은 다원주의 사회에서는 한 사회 내에서도 여러 가지 관점이 있어서 공통성보다는 다양성이 두드러진다. 결과적으로 오늘날의 사회는 육지가 아니라 바다에 흩어져 있는 군도(群島)처럼 비친다. 왈쉬(Brian J. Walsh)와 미들톤(J. Richard Middleton)은 「그리스도인의 비전」(*The Transforming Vision*, IVP 역간)을 썼을 때와 크게 달라진 상황을 「진리의 모습이 달라졌다」(*Truth Is Stranger Than It Used to Be*)는 제목으로 묘사했을 정도다.

:: 세계에 대한 조망은 인간의 본능

파편화가 이 시대의 가장 강력한 공통 정신이라는 것은 분명 역설이다. 이처럼 세계관이 파열된 속에서도 세계에 대한 종합적 인식은 여전히 포기된 것이 아니다. 인간은 세상과 삶에 대한 전체적 조망을 본능적으로 추구한다. 세상과 삶에 관한 안목은 선택 사항이 아니다. 그것은 배운 사람만의 특권이 아니다. 본능적으로 세계와 삶에 대한 전체적 조망을 추구하는 인간은 여러 가지 질문을 품게 된다. 이 질문은 의도적으로 묻는 것이라기보다 살다 보면 누구에게나 떠오르는 것이다. 사실 철학도 이런 본능에서 비롯된, 존재에 대한 물음에서 출발했다.

여러 사람이 지적하듯이 세계관 형성에는 다음과 같은 질문과 답이 중요한 역할을 한다.

세상은 어디에서 왔으며, 어떻게 존재하게 되었나?
인생은 어디에서 와서 어디로 가는가?
왜 세상은 이다지 고통과 죄악으로 가득한가?
구원이 실제로 있는지, 있다면 그것은 어떻게 가능한가?

사람은 무엇을 위해 살며, 세상과 역사의 목적과 의미는 무엇인가?

인간은 이런 근본적인 질문들을 묻고 답함으로써 세상과 삶에 대한 종합적 이해를 갖게 된다. 세계관을 형성하는 질문의 답은 과학적인 연구와 조사를 통해 얻어지는 것이 아니다. 오히려 이성적 사유와 과학적 연구 조사가 이런 전제들에 입각해서 이루어진다. 결국 세계관은 본질적으로 학문의 차원이 아니라 종교적 성격을 띤다. 누구도 그 질문의 답을 이론적으로 얻을 수 없다. 물론 이성적 요소가 결여된 것은 아니지만 주로 전통과 문화 그리고 믿음에서 얻는다. 능동적으로 파악하기보다 주어진 것을 받아들인다는 것이다.

우리 주변에서 흔히 만나게 되는 삶과 세상에 관한 이야기들은 모두 이런 질문과 답을 담고 있다. 심지어는 참을 수 없는 불행이나 재난을 당해 불평하는 신음에도 이런 질문이 담겨 있다. 왜 태어나서 이런 일을 당해야 하느냐는 절규가 그것이다. 인간은 철학뿐 아니라 비명 속에서도 근본적 문제를 제기한다. 대학 연구실에서만이 아니라 장터와 극장과 참호 속에서도 그 답을 추구한다. 인생과 세상에 대한 근본적인 질문이 노래며 이야기, 영상이나 그림 그리고 몸짓 가운데 담겨 있다. 물론 그 답도 다양한 표현의 옷을 입는다.

그 질문들은 근본적인 것이다. 자연히 그에 대해 명쾌한 해답을 찾기는 쉽지 않다. 심오한 방식으로 질문을 던지지만, 답을 모르는 경우도 많다. 사실 가장 흔한 답은 "모르겠다"는 것이다. 이 경우 모르는 것을 답으로 해서 살아간다. 고갱(Paul Gauguin)의 "우리는 어디서 왔으며 누구이며 어디로 가는가"(Where do we come from? Where are we? Where are we going?)라는 그림은 그 좋은 예다. 흘러간 유행가인 최희준의 "하숙생"도 그렇다. 이들은 모두 인생이 어디서 왔다가 어디로 가는지를 묻

"우리는 어디서 왔으며
누구이며 어디로 가는가?"

폴 고갱

하숙생

작사: 김석야
작곡: 김호길
노래: 최희준

인생은 나그네길 어디서 왔다가 어디로 가는가
구름이 흘러가듯 떠돌다 가는 길에 정일랑 두지 말자 미련일랑 두지 말자
인생은 나그네길 구름이 흘러가듯 정처 없이 흘러서 간다

인생은 벌거숭이 빈 손으로 왔다가 빈 손으로 가는가
강물이 흘러가듯 여울져 가는 길에 정일랑 두지 말자 미련일랑 두지 말자
인생은 벌거숭이 강물이 흘러가듯 소리 없이 흘러서 간다

는다. 그러나 답은 없다. 적어도 그 그림과 노랫말 속에는 없다.

  물론 모든 그림이나 노래가 다 그런 것은 아니다. 미켈란젤로의 로마 시스티나 성당 천장화에는 그 답이 있다. 천정의 "천지 창조"에서 벽면의 "최후의 심판"으로 이어지며 성당 전체를 장식하는 이 위대한 그림은 분명한 답을 제시한다. 마찬가지로 고대 히브리인들은 시편 8편에서 인간의 근원과 존재 이유를 명료하게 노래했다. "사람이 무엇이관대 주께서 저를 생각하시며…저를 천사보다 조금 못하게 하시고 영화와 존귀로 관을 씌우셨나이다. 주의 손으로 만드신 것을 다스리게 하시고 만물을 그 발 아래 두셨으니…"(시 8:4-6).

"천지 창조 – 아담의 창조"
미켈란젤로 부오나로티

성경에도 이런 문제를 놓고 씨름하는 구절들이 있다. "어찌하여 내가 태에서 죽어 나오지 아니하였었던가. 어찌하여 내 어미가 낳을 때에 내가 숨지지 아니하였던가"(욥 3:11). 욥이 고난 중에 토하는 의문들이다. 전도서 3장은 인생에 얼마나 많은 우여곡절이 있는지를 통감하는 말로 시작한다. 하나님이 인생으로 하여금 모든 것을 알 수 없도록 하셨기 때문이다. "천하에 범사가 기한이 있고 모든 목적이 이룰 때가 있나니 날 때가 있고 죽을 때가 있으며 심을 때가 있고 뽑을 때가 있으며…"(전 3:1-2).

그러나 우리 인생은 욥처럼 마치 퍼즐 조각 같은 삶의 단편들을 맞추려고 애쓴다. 이 또한 전도서 저자의 말과 같이 인간에게 주신 "영원을 사모하는 마음"(전 3:11)에서 비롯된 것이다. 세계관은 인간의 독특한 존재의 본성과 맞물려 있다. 유한하나 영원을 꿈꾸고 의미를 찾을 수밖에 없는 본성이 그대로 드러나는 대목이다. 인생 만사가 무질서하며 때로는 모순되기까지 하여 연관이 없어 보이지만, 통일성을 모색하지 않을 수 없다. 철학자 칸트나 가다머(Hans-Georg Gadamer)는 철학이 인간 본성 속에 깃들여 있어 박멸할 수 없다고 했다. 전혀 의미가 없는 것 같은 상황 속에서도 그것을 갈구할 수밖에 없는 것이 인간이다.

한편, 세계관을 말하면서 안목이나 조망이라는 단어를 쓴다고 하여 시각적 경험만을 염두에 두는 것은 아니다. 그것은 모든 종류의 세계 경험을 포함하는 가장 넓은 인식을 말한다. 사물과 사건에 대한 지적이며 정적인 포착이 모두 포함된다. 이렇듯 세계관은 삶 전체에 대한 포괄적인 이해와 관련된다. 이에 비하면 과학적 인식이나 학문적 파악은 부분적이다.

과학은 세계와 삶을 단편적으로 이해한다. 예를 들어 화학은 세상의 화학적인 면만을 추상적으로 분리하여 살핀다. 그래서 화학이 다루는 세상은 이론가의 머릿 속과 실험실에만 있다. 이와 달리 세계관은 일상적이고 소박하면서 직접적이고 구체적인 이해에 기초한다. 우리는 H_2O가 아니라 시원한 물을 마신다. 우리가 경험하는 물은 눈물이요 시냇물이며 수돗물이다. 세계관은 이런 종류의 앎과 경험에 기초를 두고 있다. 그러한 앎과 경험은 언제나 종합적이다.

어느 인도 우화에 소경들이 코끼리를 '구경하는' 이야기가 있다. 물론 실제로 본 것이 아니라 만져 보았을 것이다. 이들은 코끼리를 무, 바람벽, 밧줄, 기둥, 키 같다고 말했다. 각자 상아와 배, 꼬리, 다리, 귀를 만져 봤기 때문이다. 한마디로 전체를 보지 못해 일어난 일이다. 이런 것을 보면 왜 그리스인들이 '봄'을 대표적이며 가장 신뢰할 수 있는 앎의 통로로 생각했었는지 공감할 수 있다. 보는 것은 단번에 전체를 파악할 수 있기 때문이다.

물론 세상은 만지거나 맛을 보아 알 수 있다. 보는 것만큼이나 중요한 것은 듣는 것이다. 또 사람은 오래 관계를 맺어 보아야만 제대로 알 수 있다. 그럼에도 불구하고 세계관을 세계청(聽)이나 세계미(味)라 하지는 않는다. '감'을 잡는다는 표현이 있기는 하지만 말이다. 이렇듯 '봄'을 앎의 기초로 생각하는 것은 시각 중심적인 관점이다. 오늘날 문화에서 봄을 중시하는 것은 그리스 전통의 영향 때문이다. 즉 보는 것이 믿는 것이라고 생각하는 것에서 비롯된다. 반면에 유대인들은 들음을 중시했다. 잘못을 저지른 벌로 눈과 귀 중 하나를 잃어야 한다면 유대인은 눈, 그리스인은 귀를 택한다는 이야기가 있다. 현대인도 물론 귀를 택할 것이다. 범죄 사건 현장에서 수사관이 목격자를 찾는 것도 같은 이유에서다. 법정 증인도 마찬가지다. 이런 것은 오늘의 문화가 얼마나 시각 중심적인지를 잘 보여 준다.

:: 세계관과 삶의 행보

세계관이란 세상에 대한 종합적 이해를 단지 시각 즉 '관'(觀)이란 말로 표현한 일종의 제유(提喩)다. 그러나 그것이 함축하는 것은 시각만이 아니다. 모든 감각을 통해 얻는 세계에 관한 이해 전부를 말한다. 즉 사람을 두고 어떤 인상을 갖듯이 세상과 인생에 대해서 어떤 인상을 갖는 것이다. 세계관은 세상과 인생에 대한 이해와 앎의 통합적 기초다.

인간은 세계관을 통해 세상과 삶에 대한 궁극적 질문에 나름의 답을 가진다. 이런 의미에서 인간은 누구나 철학자의 기질을 가지고 있다. 또 질문을 하고 답하는 것에서 그치지 않고 그에 따라 살아간다. 인간은 본 대로, 이해한 대로 세상을 살아간다. "보는 것은 믿는 것"(Seeing is Believing)이고 우리는 믿는 것에 의해 살아간다.

물론 사람은 보고만 믿는 것은 아니다. 때로 듣는 것을 믿고 움직이기도 한다. 수년 전 네덜란드 자유대학교 철학부의 은사를 해인사에 모시고 간 일이 있었다. 새벽 예불 모습을 보기 위해 한 시간 족히 산길을 걸었다. 뻗은 손이 보이지 않을 정도로 칠흑 같은 어둠 속이었다. 우리를 인도한 것은 멀리서 들려오는 독경 소리뿐이었다. 다소 무모한 일이었으나 선생님은 그 일을 귀한 추억으로 간직하고 계신다. 아무것도 보지 못하고 듣는 것을 따라 걷던 경험이 기억에 남는다고 했다. 그래서 나는 그 일을 들음과 세계관의 관계에 대한 예화로 즐겨 쓰곤 한다.

눈이 어디를 향하며 무엇을 듣느냐는 단지 감각의 문제가 아니다. 우리의 안목은 삶의 방향 설정에 영향을 미친다. 포이에르바흐(Ludwig Feuerbach)는 "인간은 무엇을 먹느냐에 의해 결정된다"고 했다. 유물론자다운 주장이다. 그러나 먹는 것보다는 보고 듣는 것에 의해 만들어진다고 해야 더 옳다. 사람은 보고 배우며, 보이는 대로 따라서 하기 쉽다. 이처럼 세계관에서 삶의 행보가 정해진다.

캐나다 토론토에 살던 시절에 나이아가라 폭포가 우리집에서 멀지 않아 많은 방문객의 가이드 노릇을 하느라 수없이 가곤 했었다. 워낙 큰 관광지인데다 몹시 혼잡하여 근처의 여러 시설을 다 돌아보려면 하루로는 어림도 없었다. 그런데 경험이 쌓이면서 요령이 생겼다. 도착 즉시 높이 150미터의 스카이론 타워로 데리고 가는 것이 효과적임을 깨달은 것이다. 일단 전망대에서 인근 사방을 다 내려다보고 나면, 전체 그림이 머릿속에 들어오기 마련이다. 그러고 나면 구경할 순서나 갈 곳에 대한 전반적인 이해가 생겨, 질문이 줄고 안내도 잘 따랐다. 자연히 시간도 훨씬 단축되었는데 유학생이던 내겐 아주 중요한 점이었다.

세계관이란 이와 비슷하다. 폭포 대신 세상과 삶을 조망하는 것만 다르다. 사람은 누구나 자신의 삶과 세계에 대해 종합적인 이해를 추구한다. 인생은 누구나 퍼즐 조각 같은 단편적인 삶의 경험으로 만족하지 않는다. 그 모든 것이 맞아 들어가 하나의 온전한 의미를 가진 그림으로 보기를 원한다. 세계관은 세상과 인생에 대한 종합적 이해의 기초다. 이런 종합적인 안목은 삶의 행보를 결정하는 데 중대한 영향을 미친다.

:: 삶의 전략

나아가 인간의 시각은 카메라와 달리 의도적이다. 그것은 사람이 주변 세계를 그저 의식 없이 바라보지만은 않기 때문이다. 보는 것을 믿기도 하지만, 믿는 것을 보는 이유가 그것이다. 심리학에서 말하는 의식의 게슈탈트 구조(*Gestalt factors*)가 이를 증거한다. 잘 알려진 바대로, 오리인지 토끼인지 모호한 하나의 그림은 보는 사람의 선입견에 따라 오리일 수도 있고 토끼일 수도 있다.

토끼-오리 머리

그래서 클리포드 기어츠(Clifford Geertz)나 제임스 올시우스(James Olthius)의 말처럼 세계관은 두 가지 요소를 가진다. 첫째, 세계관은 세상과 삶에 대한 조망(view of the world and life)이다. 둘째, 세계관은 세상과 삶을 위한 조망(view for the world and life)이다. 전자를 '세상과 삶에 대한 이해'라 한다면 후자는 '비전'이다. 이해는 비전의 토대이다.

세계관이 삶에 미치는 영향을 전망대의 예를 통해 다시 생각해 보자. 남산 타워에 올라 서울을 내려다본 사람은 도시의 전모를 보았을 뿐만 아니라 방위 감각도 생긴다. 마찬가지로 삶의 방향성도 세계관과 관계가 있다. 그런 의미에서 세계관은 지도와도 같다. 그것은 삶의 안내가 된다. 이는 세계관이 단지 세상을 이해하는 것에서 머물지 않고 세상을 만드는 전략이기도 하다는 사실을 보여 준다. 우리는 바라보는 세계를 일정한 관점에서 이해하고 그에 따라 세계를 만들어 간다. 이렇게 해서 생긴 또 하나의 세계는 인간적인 세계다. 우리는 그것을 문화라고 부른다.

세계관은 결코 수동적으로 보거나 이해하는 데서 그치지 않는다. 거기서 세상에 대한 기본적인 앎과 지식이 생긴다. 그것은 해석을 통해서 주어진다. 따라서 거기에는 반드시 능동적인 요소가 가미된다. 이처럼 세계관에는 삶, 즉 인간다운 삶인 문화가 뒤따라 나온다. 세계관은 문화를 매개한다. 그래서 자연-세계관-문화라는 순서가 가능하다. 자연은 하나님이 만드신 하나의 세계다. 그러나 거기서 세계관 즉 보는 눈에 따라 여러 종류의 세계 즉 문화가 가능하다. 이 다양한 세계 즉 문화, 인간이 만드는 세계는 바로 세계관의 차이에서 비롯된다.

큰 차원으로 확대하면, 세계관은 곧 한 사회와 문화의 방향성과 근원적 동기와 관계됨을 알 수 있다. 세계관과 동의어라 할 수는 없으나 대략 그 개념이 흡사한 말들 가운데 '문화의 뿌리' 또는 '근본 동인'을 들 수 있다. 이 말들은 모두가 사상과 문화의 기본적 전제와 조건에 관계된 것이다. 문화 발전의 배후에 자리잡은 가장 심층적 요인들이다. 삶의 근본적 질문들에 대한 답의 차이는 곧 세계관이 다른 것에서 비롯된다.

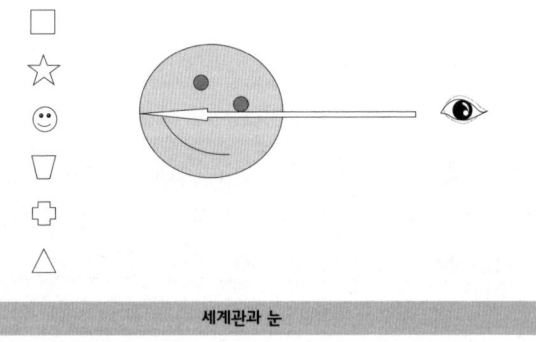

세계관과 눈

도식에서 보듯이 동그란 원을 바라보면서 세모, 네모, 별 꼴을 생각하는 등 세계관은 다양하다. 그리고 세계에 대한 다양한 이해는 세계를 형성하기 위한 전략으로 나타나고 그로 인해 다양한 문화가 만들어진다. 다양한 세계관에 의해 세계가 여러 가지로 형성되는 것은 동일한 소재를 다양하게 표현해 내는 예술 작품에서 가장 잘 볼 수 있다. 예를 들어, 다음의 두 그림을 비교해 보자.

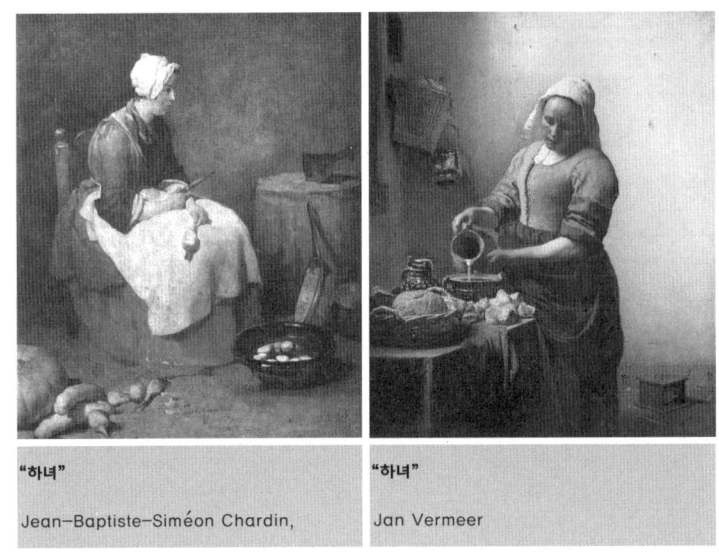

"하녀"
Jean-Baptiste-Siméon Chardin,

"하녀"
Jan Vermeer

하나는 프랑스 화가 샤르댕(Jean Chardin)의 작품이며 다른 하나는 네덜란드 화가 베르메르(Jan Vermeer)의 작품이다. 똑같이 "하녀"(The Kitchen Maid)라는 제목이 붙은 이 그림들은 부엌에서 일하는 여인을 묘사하고 있다. 그러나 거기에 비친 세계는 아주 다르다. 베르메르의 그림은 우유를 따르는 것과 같은 작은 일상에도 온 정성을 기울이는 모습이다. 샤르댕의 것은 감자를 깎는 일에서는 삶의 의미를 전혀 느끼지 못하겠다는 듯한 망연자실한 표정에 암울함이 배어난다. 그 그림들은 보는 사람에게 "하녀"를 보는 다른 관점을 열어 준다.

:: 세계관과 문화

이런 이야기만 들으면 자칫 세계관이 매우 상대적인 개인의 관점처럼 이해될 수 있다. 같은 사회 속에서 여러 관점이 가능하고 개인차도 나기는 한다. 그러나 오늘날과 같은 다원주의 사회 속에서도 세계관에는 공동체적 성격이 강하다. 세계관은 공동체적이다. 대개 같은 문화, 같은 언어권인 경우 세계관이 같거나 흡사하다. 사실 다원주의와 상대주의를 특징으로 하는 포스트모던 사회에도 일련의 공동체적 특성이 나타난다. 그래서 그것을 '포스트모던'이라는 하나의 이름으로 부를 수 있는 것이다. 세계관이 공동체적이라는 또 다른 증거는 강력한 국가나 문화 뒤에는 강력한 세계관들이 있었다는 사실이다.

세계관은 한 문화의 구성원 전체에 영향을 미친다. 그 이유는 세계관이 문화의 기초에서 그 모든 부분을 묶어 유기적 조직으로 만들기 때문이다. 그러므로 문화의 차이 뒤에는 반드시 세계관의 차이가 존재한다. 예를 들어 과학적 현대 문명 뒤에는 기술적 세계관이 자리한다. 공산주의 이면에는 유물론적 세계관이 있다. 서구 유럽 문명의 역사적 토대는 중세적 기독교 세계관이다.

중세적 기독교 세계관은 유럽 도시들의 외관에서도 잘 나타난다. 네덜란드나 벨기에같이 평평한 나라의 도시 스카이라인은 중세의 이층적 세계관을 가시적으로 보여 준다. 그만 그만한 건물들 위로 압도적인 높이로 돌출된 건물은 모두 교회이기 때문이다. 심지어 어떤 도시는 지금도 교회보다 높은 건물은 짓지 못하게 하는 중세 시대의 법을 여전히 지키기도 한다. 학교며 상점이며 가옥은 일상이다. 교회 첨탑은 그 위에 솟아 천상을 형상화한다. 소위 '자연'과 '은총'의 이원론적 세계관을 분명히 드러내 주는 예이다.

서울에서 가장 유명한 돌출 건물은 보험 회사인 대한생명 63빌딩이다. 대부분의 도시가 다 그렇다. 지금은 테러로 붕괴되었으나 예전에 뉴욕에서 가장 큰 건물인 102층짜리 쌍둥이 건물은 무역 회관이었다. 오늘날 세계를 지배하는 것은 돈이며 경제라는 사실을 이보다 더 분명하게 가시적으로 보여 줄 수는 없다. 이처럼 지배적인 건물만 주시해도 한 도시의 정신을 알 수 있다.

왈쉬와 미들톤이 지적한 대로 세계관은 삶의 체험을 통해 교육되고 전수된다. 인류학자 마가렛 미드(Margaret Mead)가 보여 준 것처럼 그것은 목욕 방법이나 음식과 가족 관계에 배어 있다. 먹고 자고 사는 모든 과정이 세계관을 습득하는 과정이 된다. 이런 의미에서 세계관은 타고난다고도 할 수 있다. 세계관은 의식적인 교육에 앞서 생활 속에서 전수된다.

세계관은 대개 개념적으로 명시되거나 학술적으로 체계화되어 있지 않다. 그보다는 하나의 시대 정신으로 그 문화와 시대 전체를 지배한다. 특히 신화, 전설, 설화 등으로 표현되어 공동체의 삶을 근저에서 지배한다. 또 그것은 이러한 이야기에서 출발하여 그것을 공유하는 집단의 미래를 지시하는 비전의 역할을 한다. 그래서 세계관은 공동체적 성격을 가진다. 처음에는 대개 별다른 의식적인 반성 없이 문화와 전통에 의해 주어진 세계관을 수용하는 것에서 시작한다. 세계관은 단기간에 바뀌지 않으며 그 영향권 내에 사는 사람들에게 이해되는 방식이나 표현 방식에 있어 개인차가 심하지 않다.

세계관은 삶의 밑그림과도 같다. 나는 가끔 세계관 수업 시간에 이런 실험을 한다. 산이 그려진 밑그림과 바다를 의미하는 선, 그리고 도시의 배경을 주고 그것을 완성하도록 하는 것이다. 누구나 산의 밑그림 위에는 전원 풍경을 그린다. 바다를 배경으로는 물고기와 갈매기, 배를 그린다. 도시 전경을 배경으로는 가로수와 사람과 차를 그려 넣는다. 이렇게 사람은 주어진 밑그림에 따라 나머지를 그려 나가는 것이다. 세계관은 이렇게 우리 삶의 방향과 세부 행위를 인도하는 기능을 가지고 있다.

:: 이야기와 비전

가장 대표적인 세계관의 전수 방식은 이야기다. 전설이나 설화가 대표적인 예다. 교육에서도 이야기가 가장 큰 역할을 한다. 이야기는 대개 과거에 관한 것이므로 세계관은 과거에 근원을 두고 미래를 지향한다고 할 수 있다. 이야기는 과거를 회상하지만 그것에서 그치지 않는다. 그것은 반드시 비전 즉 전망을 담고 있다. 이야기에는 세계를 형성하는 능력이 담겨 있다. 그래서 비전은 이야기에서 나온다고 할 수 있다. 이야기와 비전은 세계관이라는 동전의 양면과도 같다.

이러한 사실을 가장 잘 알 수 있게 하는 것이 옛날 이야기들이다. 족

보를 통한 교육도 좋은 예이다. 명절 때 집안 어른들로부터 듣는 "뼈대 있는 가문" 이야기 말이다. 가문이 그러하니 알아서 하라는 암시가 들어 있다. 학교의 교훈과 교가도 결국 세계관을 가르치기 위한 이야기의 형태를 따른다. 이야기가 신통치 않은 경우 비전도 흐려진다. 역사를 바로 세우고 교육하는 것이 중요한 것은 바로 이 때문이다.

그 좋은 예가 미국 흑인들의 이야기이다. 마틴 루터 킹 주니어(Martin Luther King Jr.)는 흑인 인권 운동의 비전을 제시했다. 그는 흑인 노예의 아들과 백인 주인의 자녀가 함께 걷는 미래를 꿈꿨다. 그의 유명한 연설인 "나에겐 꿈이 있습니다"(I have a dream)에 그 꿈이 생생하게 그려져 있다.

> 나의 친구인 여러분께, 나는 오늘 비록 우리가 잠깐의 어려움에 직면할지라도, 나는 여전히 꿈을 가지고 있다고 말하겠습니다.
> 그것은 미국의 꿈에 깊이 뿌리를 박은 꿈입니다.
>
> 나에게는 언젠가 우리나라가 힘차게 일어나, "모든 인간은 평등하게 태어났다는 진리를 분명히 믿는다"는 신념의 참된 의미를 이루어 낼 것이라는 꿈이 있습니다.
>
> 나는 언젠가는 조지아의 붉은 언덕에, 예전에 노예였던 사람들의 아들들과 예전에 주인이었던 사람들의 아들들이 형제애라는 탁자에 함께 앉을 수 있을 것이라는 꿈이 있습니다.

킹은 그 꿈의 뿌리가 "미국의 꿈"에 닿아 있음을 애써 강조했다. 하지만 그 꿈을 뒷받침할 기초를 제공한 것은 「뿌리」(*Root*, 열린책들 역간)

라는 소설을 쓴 알렉스 헤일리(Alex Palmer Haley)였다. 헤일리는 킹의 꿈이 이루어지기 위해서는 먼저 흑인들이 노예 의식에서 벗어나 자존심을 회복해야 한다고 믿었다. 그의 책은 흑인들의 뿌리가 본래 감비아 만딩고 족의 쿤타 킨테 같은 용사에 닿아 있음을 보여 주었다. 헤일리의 통찰은 아프리카의 유명한 격언에 기초한 것이다. "미래를 알기 위해서는 먼저 과거를 알아야 한다."

이처럼 세계관 이야기는 과거를 설명하는 이야기와 미래를 투사하는 비전의 이중 구조로 되어 있다. 한 민족이 역사적 전기를 마련하고자 할 때 대부분 역사 바로 세우기가 선행되는 것도 이 때문이다. 미래를 변화시키기 위해서는 과거를 보는 눈을 바꾸어야 하기 때문이다. 세계관은 대부분 이론 체계가 아닌 한 사회의 이야기와 설화 그리고 전설 등에서 명시된다. 물론 오늘날 이런 '신화'와 현대판 전설은 대중 문화에서 만들어지고 유포된다. 세계관은 근본적 신념의 문제로 삶을 인도하는 기능을 갖고 있다. 그것은 영성 또는 영적인 힘이다. 삶의 한 부분에 영향을 미치지 않고 종합적 안목에 영향을 미치므로 과학적 분석과 비판의 대상이 되지 않는다.

이야기를 통해 비전을 제시하는 세계관의 가장 대표적인 예는 역시 히브리 전통이다. 히브리인들은 들음에서 진리를 발견했다. 물론 구약이나 신약 성경에는 '세계관'이라는 단어는 나오지 않는다. 하지만 그와 같은 뜻을 가지고 있거나 그런 내용을 함축하고 있는 말들은 많다. "환상", "소망", "꿈" 등이 모두 세계관과 연결될 수 있는 단어들이다. "환상"과 "꿈"은 특히 구약 성경에서 많이 사용되는 하나님의 계시 방식이다. 그것을 통해 하나님은 히브리인들의 닫힌 눈을 여시고 세상과 미래를 바라보게 하셨다.

아브라함을 비롯한 믿음의 열조들은 모두 이 비전을 통해서 삶과 세상을 바라본 사람들이었다. 이들은 믿음으로 보는 사람들이었다. 그들은 보아야 믿는 사람들이 아니었다. 그리스도인의 비전 역시 마찬가지다. 이제 그 내용을 차례로 살펴보기로 하자.

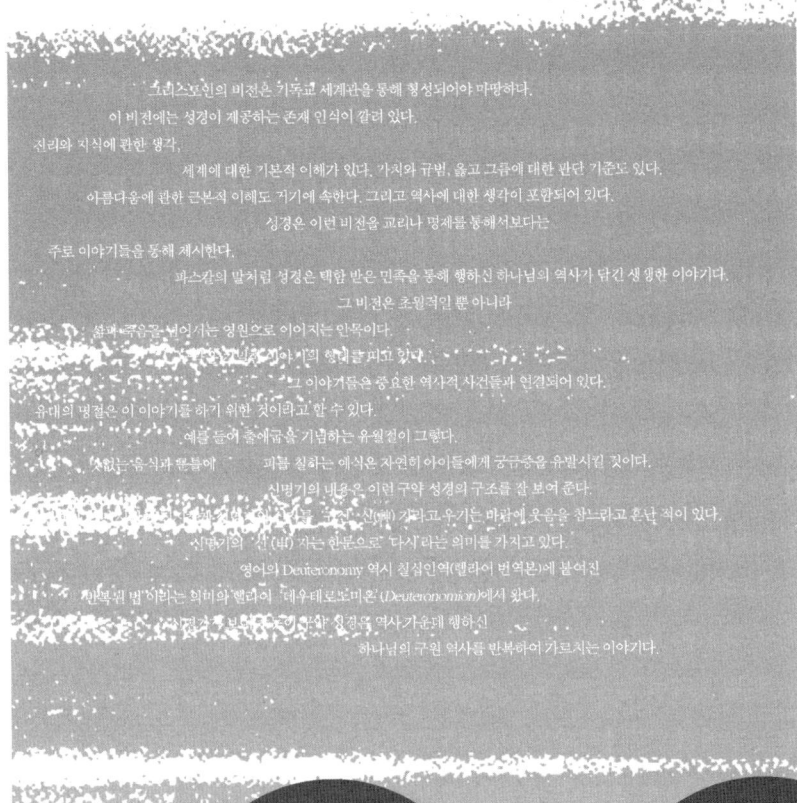

제2장
기독교 세계관

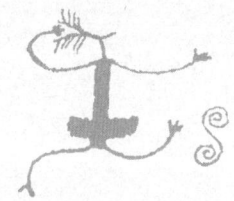

:: 세계관과 기독교 전통들

그리스도인의 비전은 기독교 세계관을 통해 형성되어야 마땅하다. 이 비전에는 성경이 제공하는 존재 인식이 깔려 있다. 진리와 지식에 관한 생각, 세계에 대한 기본적 이해가 있다. 가치와 규범, 옳고 그름에 대한 판단 기준도 있다. 아름다움에 관한 근본적 이해도 거기에 속한다. 그리고 역사에 대한 생각이 포함되어 있다.

성경은 이런 비전을 교리나 명제를 통해서보다는 주로 이야기들을 통해 제시한다. 파스칼의 말처럼 성경은 택함 받은 민족을 통해 행하신 하나님의 역사가 담긴 생생한 이야기다. 그 이야기는 인류의 구속이 예언되고 성취되는 비전을 준다. 그 비전은 초월적일 뿐 아니라 삶과 죽음을 넘어서는 영원으로 이어지는 안목이다.

구약은 치밀한 이야기의 형태를 띠고 있다. 그 이야기들은 중요한 역사적 사건들과 연결되어 있다. 유대의 명절은 이 이야기를 하기 위한 것이라고 할 수 있다. 예를 들어 출애굽을 기념하는 유월절이 그렇다. 맛없는 음식과 문틀에 피를 칠하는 예식은 자연히 아이들에게 궁금증을 유발시킬 것이다. 이 때 어른들은 자녀들에게 하나님의 구원을 이야기할 기회를 갖는다.

신명기의 내용은 이런 구약 성경의 구조를 잘 보여 준다. 언젠가 어떤 사람이 진지하게 신명기의 신자를 '귀신' 신(神) 자라고 우기는 바람에 웃음을 참느라고 혼난 적이 있다. 신명기의 '신'(申) 자는 한문으로 '다시'라는 의미를 가지고 있다. 영어의 Deuteronomy 역시 칠십인역(헬라어 번역본)에 붙여진 '반복된 법'이라는 의미의 헬라어 '듀테로노미온'(*Deuteronomion*)에서 왔다. 신명기가 보여 주듯이 구약 성경은 역사 가운데 행하신 하나님의 구원 역사를 반복하여 가르치는 이야기다.

"이스라엘아 들으라"로 시작하는 쉐마(*Shema*)가 그 대표적인 예다(신 6:4-9). "이스라엘아 내 하나님 여호와께서 네게 요구하시는 것이 무엇이냐"라고 묻고 답하는 형식을 취하기도 한다(신 10:12이하). 이스라엘 백성은 여호와가 행하신 구속사적 사건들을 자녀에게 늘 가르치도록 지시를 받았다. 핵심 내용을 자손에게 외워서 들려 주라고 했다. 모세는 그들에게 이런 사실들, 특히 출애굽 사건을 노래로 부르도록 했다. 시편에 출애굽을 주제로 한 노래가 많은 이유가 여기에 있다. 이 이야기와 노래는 이스라엘 백성이 이방인과 다른 안목으로 세상과 역사를 읽게 하는 장치였다.

이 점은 신약 성경도 마찬가지다. 4복음서는 오신 그리스도에 대해 증거하는 이야기다. 초대교회의 설교도 비슷하다. 사도행전 2:14과 3:13 그리고 7장에 나오는 베드로나 스데반의 설교도 이야기 형식이다. 지금도 주일마다 그리스도인들은 말씀 듣는 것을 중심으로 모인다. 그들은 동일한 이야기를 듣고 찬송을 통해 자신의 신앙을 고백하며 정체성을 되새기고 삶의 비전을 조율한다.

초대교회 이래 이야기를 전하는 다양한 방식과 전통이 발전되었다. 마찬가지로 기독교 세계관을 설명하는 방식도 여러 가지일 수 있다. 마치 하나의 성경 본문에서 많은 설교가 가능한 것과 마찬가지다. 기독교 세계관이 다양하다는 말은 통일성이 없다는 말이 아니다. 관점에 따라 다양하게 해석은 되지만 그 공통성은 성경이 담보하고 있다. 그 공통성은 흔히 이 책에서 논의하고자 하는 창조, 타락, 구속의 진리로 대표된다. 또는 교파를 초월하여 모든 그리스도인이 고백하는 사도신경이 담고 있는 기본 진리로 표현된다.

간혹 성경적 세계관과 기독교 세계관을 굳이 구분하려는 사람들을 볼 수 있는데, 그런 이들은 기독교 세계관이 특정한 신앙 전통과 밀착되어 있다고 보는 것 같다. 또 그 전통이 유일한 기독교 세계관임을 고집하는 것에 대한 반발일 수도 있다. 이는 주로 개혁주의 기독교 세계관에 대한 비판이기도 하다. 이를 감안하여 기독교 세계관에도 다양한 형태가 있을 수 있음을 인식하는 것은 필요하다. 동시에 어떤 한 형태의 성경적 세계관을 고집한다고 해서 역사적이며 상대적인 한계로부터 벗어날 수 있는 것은 아니라는 점도 염두에 두어야 한다.

:: 삶의 체계로서의 신앙과 이념

세계관을 논할 때 반드시 고려해야 할 점은 '세계관'이란 말이 기독교 세계의 창작물이 아니라는 점이다. 성경의 많은 개념들과 신학의 여러 용어들은 고대 세계와 그리스·로마 문화의 산물이다. 예를 들어 구약 성경의 핵심 단어 중 하나인 '언약'이라는 말은 고대 근동의 정치 용어에서 왔다. 또한 '삼위일체'의 '위'(位)라는 말은 연극의 가면이나 배우의 역할을 뜻하는 '페르소나'(*persona*)에서 유래했다. '세계관'이라는 말이 본래 서양 철학을 배경으로 하고 있다는 사실 자체가 그 단어를 거부해야 할 이유는 아니다.

실제로 '세계관'(*Weltanschauung*)이라는 말을 중요한 학술 용어로 만든 것은 독일의 철학자 딜타이(Wihelm Dilthey)였다. 그 말은 이미 칸트가 이성적인 세계 이해가 아닌 감성적인 이해를 의미하는 말로 사용한 적이 있다. 그것은 세상에 대한 철학적 이해에 선행하는 것으로, 철학 작업의 기초를 형성하는 기초적 이해를 뜻하는 말이었다. 세계관은 이론 이전의(pre-theoretical) 문제다. 훨씬 더 원초적이고 깊이 있는 경험과 관계된다. 그 후 이 말은 점차 모든 사람의 행위를 밑받침하고 형성하는 일련의 기초적 믿음 체계를 뜻하는 표준 용어가 되었다. 이런 어원적 배경에서 보듯이 세계관은 오히려 철학적 이해의 기초를 이루는 기본적 안목이란 의미를 담고 있다.

기독교 세계관을 연구하는 학자들도 이 말의 철학적인 근원에 대해 경고하는 경우가 많다. 예를 들어 알버트 월터스(Albert Wolters)는 이 말이 독일의 낭만주의 시대를 거치면서 역사적 상대주의를 함축하게 되었음에 유의해야 한다고 주장한다. 세계관이라는 말은 세계에 대한 하나의 견해 또는 관점에 불과하다는 의미가 강할 수 있다는 것이다. 이럴 경우 이 말에는 모든 것이 보기에 달렸고 그것은 개인적이라는 느낌이 풍긴다. 시대적이며 사적이고 역사적 조건에 의해 신빙성이 제한을 받는다는 의미가 내포될 수 있다는 것이다.

이렇듯 함의가 묵직한 이 말을 채용하여 기독교적 삶의 체계를 나타내는 어휘로 처음 사용한 사람은 아브라함 카이퍼(Abraham Kuyper)였다. 그는 이 말이 단지 철학적 체계라는 인식을 피하기 위해 삶과 세계에 대한 관점(life-and-worldview, *levens-en-wereldbeschouwing*)이라는 다소 어색한 긴 표현을 의도적으로 사용하였다. 그의 생각은 1889년 프린스턴 대학에서 행한 스톤 강좌인 「칼빈주의」(*Lectures on Calvinism*, 세종출판사 역간)에 잘 설명되어 있다. 이 강의와 책은 기독교 세계관의 고전이라고 할 수 있다.

그는 거기서 이렇게 말했다. "칼빈주의는 교회 제도에 그치지 않고 생활 원리(life-system)로 발전했으며 교리의 구성을 위하여 진력했을 뿐만 아니라 인생관과 세계관을 창조했다. 칼빈주의는 과거에 있어서와 마찬가지로 현재에 있어서나 어떠한 시대에 있어서나 모든 생활의 부문에서 인류의 발전을 위한 모든 단계의 필요성에 자신을 적응시킬 수 있다는 것이다"(「칼빈주의」, p. 226) 그는 또한 그 강좌의 주된 목표가 "칼빈주의가 전적으로 교리적인 교회 운동을 대표하고 있다는 그릇된 관념을 뿌리뽑으려는 것이었다"고 했다.

카이퍼는 총체적 삶의 체계로서의 기독교 세계관의 필요성을 역설했는데, 그 철학적 바탕을 일구어 낸 것은 그가 세운 네덜란드 자유대학 출신 헤르만 도예베르트(Herman Dooyeweerd)의 몫이었다. 도예베르트는 서구 문화에 대한 역사적 분석을 통해 네 개의 다른 지류가 있음을 밝히고 있다. 그것은 형상/질료의 그리스적 동인, 자연/은총의 스콜라적 동인, 자연/자유의 인본주의 동인, 창조/타락/구속의 성경적 동인이다. 이 네 개의 다른 문화 동인들은 각기 상이한 종교 기반을 가진 특징적 세계관으로서 각각 다른 문화를 형성하고 발전시켜 왔다는 것이다.

결국 이 동인은 사상과 문화의 영성인데, 이것에 대한 인식은 사상과 문화의 초월적 또는 종교적 비판과 연관된다. 도예베르트가 생각하는 서구 사상의 기본 동인은 모두 그 기반에서 종교적인 근원을 가진 것들로, 본질적으로 절대성을 가진 것이다. 비성경적 동인들과 성경적 동인은 궁극적으로 대립(antithesis) 관계에 있다.

이에 대한 가장 쉬운 설명은 그의 「서양 문화의 뿌리」(Roots of Western Culture, 크리스챤다이제스트 역간) 첫 장에 나온다. 더 자세한 내용은 기독교 철학 입문서라고 할 수 있는 「서구 사상의 황혼에서」(In the Twilight of Western Thought, 크리스챤다이제스트, pp. 33-55)에 있다. 서양 세계관의 유형을 이렇게 분류한 도예베르트의 의도는 성경적 세계관을 다른 세계관과 구분하여 제시하는 것이다.

:: 구속적 세계관

기독교 세계관은 우리의 안목을 고쳐 주는 치료 효과를 가지고 있다. 존 칼빈(John Calvin)은 「기독교 강요」에서 성경을 "자연인의 안목을 고치는 안경"이라 했다. 성경은 우리의 안력을 바로잡아 주는 삼중 렌즈로 된 특수 처방 안경이다. 레슬리 뉴비긴(Lesslie Newbigin)이 잘 말한 것과 같이 성경은 우리가 그것만을 바라보아야(look at) 할 책이 아니다. 성경은 그것을 통해 보아야(look through) 할 책, 즉 안경이다.

기독교 세계관은 성경 계시의 초월적 눈높이에 따라 인간의 그것을 훨씬 넘어서는 높은 안목이다. 성경이 펼쳐 보여 주는 비전만이 인간 본성에 주어진 영원을 사모하는 마음을 만족시킬 수 있는 유일한 조망이다. 그것은 가장 높은 곳에서 세계와 역사를 조망한다. 앞서 나이아가라 폭포를 전망대에서 내려다보는 이야기를 했었다. 삶과 세계를 이렇게 조망할 수 있다면 얼마나 좋겠는가. 우리 인생은 다 초행길이다. 그래서 뛰어난 통찰과 예지를 가진 예술가나 철학자조차 예리한 질문은 던지지만 답을 주지는 못하는 것이다. 모든 세계관은 인간의 안목을 벗어나지 못하는 내재적 관점이다. 따라서 그 조망은 세상 속에서 매여 세상과 삶을 내려다보는 전체적인 이해를 제시하기에 역부족이다. 그것에 의해 그려진 지도는 실재에 대한 크고 작은 왜곡이 있게 마련이다.

그러므로 세계를 우리의 눈과 의식으로만 보는 것은 충분하지 않다. 눈, 아니 마음이 죄로 어두워졌기 때문이다. 칼빈의 말처럼 우리는 눈이 어두워져 사물을 제대로 볼 수 없다. 성경은 하나님이 만드신 대자연의 스펙터클(spectacle) 또는 하나님의 극장(*theatrum Dei*)을 제대로 보기 위한 안경(spectacles)이다. 관객(spectator)인 인간의 눈이 어두워졌기 때문에 안경이 필요하게 된 것이다.

　자연은 하나님의 존재와 솜씨, 권능을 숨김없이 보여 준다. 성경은 인간의 눈이 어두워도 그 존재만큼은 분명히 알 수 있어 핑계할 수 없다고 했다(롬 1:20). 그러나 죄로 인해 눈이 어두워진 인간은 이를 바로 보지 못한다. 피조물을 하나님 삼아 섬기며 온갖 허망한 생각에 빠져드는 것이다. 성경의 진리는 이를 치유하는 힘이 있다. 성경 계시는 어두움에 비추인 빛이다. 성경은 자연과 역사에 나타난 하나님의 뜻을 바로 판단하는 일에 기준이 된다. 그래서 웨스트민스터 신앙고백은 성경을 "신앙과 삶의 규범"이라 말한다. 성경에 기초한 기독교 세계관은 우리의 안목을 고친다. 세상을 다른 눈으로 보게 한다.

　소설, 영화, 시 한 줄도 사람의 눈을 열어 줄 수 있는데, 성경이 우리의 눈을 열 것은 분명하다. 역사를 보면 성경을 통해 눈이 열려 세상을 새롭게 본 증인들이 구름과 같이 허다하게 우리를 둘러싸고 있다. 믿음의 조상 아브라함은 이런 안목을 가졌다. 베드로나 바울 같은 사도들로부터 주기철 목사에 이르기까지 모두가 성경을 통해 새로운 세상을 보았다. 그들은 세상 속에서 하나님 나라를 보았다. 그 곳을 향해 걸었다. 그 나라를 실현하기 위해 살았다. 우리가 그렇지 않다면 문제는 우리에게 있다.

　나는 내가 가르치는 학생들에게 성경을 들여다보지 말고 양끝에 줄을 달아 눈에 쓰라고 말한다. 성경을 아는 것만으로는 충분하지 않다. 안경은 투명해야 제 역할을 하는데, 마치 눈의 일부처럼 자연스러워야 한다. 안경에 신경을 쓰기 시작하면 잘 보기 어렵다. 안경사가 아니라면 늘 안경만 만지고 있을 이유는 없다. 성경적 세계관도 그렇다. 성경적 세계관 자체가 관심의 초점이 되어서는 안 된다. 성경의 진리에 익숙하고 그것이 몸에 익어 매사를 말씀에 따라 봐야 진짜 그리스도인이다. 성경을 '아는' 것은 꼭 필요하지만 그것만으로 충분하지는 않다. 그것을 통해서 세상을 보고 걷고 행해야 제대로 된 것이다. 성경은 '행하면 진리인 줄 알게 되는' 책이기도 하다. 그런 의미에서 기독교 세계관은 구속적 세계관이다.

:: 창조, 타락, 구속

나는 기독교 세계관을 쌍안경에 비유하곤 한다. 우선 둘 다 비전을 크게 향상시킨다는 점이 같다. 쌍안경이 볼록 렌즈와 프리즘과 오목 렌즈로 구성되어 있어 더욱 비유하기 좋다. 기독교 세계관도 성경의 근본 진리인 창조, 타락, 구속의 세 요소로 되어 있기 때문이다. 쌍안경은 세 부분이 같이 작동해야 제 기능을 한다. 마찬가지로 성경의 세 가지 진리도 통합적으로 작동해야 올바른 기독교 세계관을 준다.

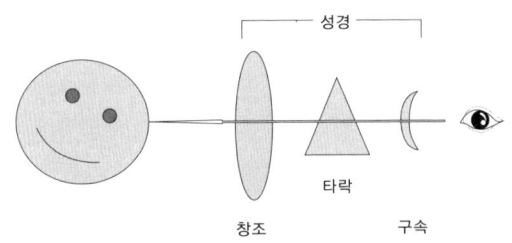

창조·타락·구속의 삼중적 세계관

기독교 세계관은 성경의 진리에 따라 세상을 보는 안목이다. 그래서 기독교 세계관과 성경적 세계관이라는 말은 서로 바꾸어 사용할 수 있다. 성경은 세계관 형성을 위한 질문들에 독특한 답을 제시한다. 세상과 인간의 창조에 관한 이야기가 그 첫 번째 주제다. 어떻게 죄와 악이 세상에 들어왔는지에 대한 내용이 그 뒤를 따른다. 아울러 예수 그리스도가 이 세상을 구원하신 구속 사건과 그 의미를 말한다. 이 주제들을 통해 세계와 역사의 존재 의미는 하나님 나라의 완성임을 보여 준다.

창조와 타락과 구속은 세상을 바로 이해하게 하는 성경의 삼중 렌즈다. 창조, 타락, 구속의 성경적 진리는 하나로 통일된 관점을 준다. 이 진리들은 다초점 렌즈와 달리 따로 움직이지 않는다. 창조, 타락, 구속의 진리는 서로 맞물려 우리의 눈을 밝혀 준다. 만일 창조의 진리만 강조되고 타락과 구속이 빠진다면 자연신론이나 이신론에 근접할 것이다. 타락만 강조하는 세계관은 불교와 같이 세상을 부정하는 관점을 줄 것이다. 구속만을 강조하는 관점은 세상의 존재 이유나 역사의 의미를 제대로 읽어 내지 못할 것이다.

하나로 통합되어 작동하는 창조-타락-구속의 성경적 세계관을 통해서 세상을 보면 천국이 보인다. 하나님 나라는 이 삼중의 성경적 진리를 통해 보는 세상이다. 이 삼중적인 진리를 통합적으로 이해하여 세상과 삶을 볼 때 존재와 역사의 의미를 바로 알게 된다. 성경은 세계관의 기본 요소에 대한 직접적이며 구체적인 답을 제시하고 있다. 그것은 성경만이 줄 수 있는 독특한 내용이다. 그 독특성과 유일성을 바로 깨달으면 성경이 과연 하나님의 진리임을 확신하게 된다.

이 세 진리가 함께 작동하는 성경의 세계관은 철저히 일원적이다. "이는 만물이 주에게서 나오고 주로 말미암고 주에게로 돌아감이라. 영광이 그에게 세세에 있으리로다 아멘"(롬 11:36). 바울의 찬양 그대로다. 음과 양이 대립되거나 선과 악의 근원이 별도로 나란히 존재하지 않는다. 그래서 욥은 자녀와 전 재산 그리고 건강마저 잃은 상황에서도 이렇게 말할 수 있었다. "우리가 하나님께 복을 받았은즉 재앙도 받지 아니하겠느뇨"(욥 2:10). 악의 근원을 찾는 것은 극히 난해한 문제다. 여기서 그것을 논의하려는 것이 아니다. 단지 성경의 세계관이 다원적이지 않기 때문에 세계와 삶에 대한 일관된 관점을 준다는 사실을 강조하기 위한 예로 든 것이다.

다른 세계관들은 통합적이지 않다. 그것은 한 세계관 내에 궁극적으로 상반되는 여러 초점이 있기 때문이다. 대표적인 경우가 세상을 선/악, 성/속, 자연/문화, 자연/은총, 자연/자유와 같은 이원론적 관점에서 보는 것이다. 이런 세계관들은 세상을 하나의 통합된 관점으로 설명하거나 의미를 주지 못한다. 다신교적 신앙 역시 눈을 흐리게 한다. 상황에 따라 여러 신을 섬기기 때문이다. 다신론과 다원론의 관점은 마치 잠자리 눈처럼 초점이 여럿이다. 그리스도인은 이런 사조의 영향을 받지 않도록 주의해야 한다.

눈의 초점이 한 군데로 모이지 않는 것은 심각한 문제다. 언젠가 저녁 설교를 하러 강단에 올랐는데 원고가 잘 보이질 않았다. 노안이 온 것이었다. 마음이 착잡했다. 그 사실을 받아들이는 데는 얼마간 시간이 필요했다. 시간이 가면서 점차 환한 대낮에도 강의안이 잘 보이지 않기 시작했다. 안경을 벗으면 노트는 보이지만 학생들이 잘 보이지 않는다. 별 수 없이 다초점 안경을 마련했다. 하지만 그 후 몇 주간은 상황이 더 나빠졌다. 초점이 여럿이어서 어지러웠다. 특히 계단을 내려가거나 운전하다 좌우로 고개를 돌릴 때는 위험하기조차 했다. 그리스도인이 세상의 다양한 관점을 함께 가지고 있다면 이에 못지않은 혼란이 일어날 것이다.

:: 다원주의 사회와 기독교 세계관

그리스도인이 세상과 다른 자신의 세계관 정립을 위해 노력해야 할 이유는 분명하다. 그것은 세계관과 삶 그리고 문화가 갖는 뗄 수 없는 관계 때문이다. 세계관 연구는 그리스도인이 겪는 문화 사회적 갈등의 한 원인인 잘못된 세계 이해를 교정하는 실마리를 제공한다. 뉴비긴의 말처럼 우리가 사는 세계가 다원주의적이라는 사실은 이제는 너무나 분명하여 말하는 것 자체가 진부할 지경이 되었다. 우리 시대에는 한 사회, 한 언어권에서도 여러 문화와 가치관과 세계관이 동시에 존재하여 경쟁 또는 혼합적인 관계를 형성하고 있다. 교통과 통신의 발달에 힘입은 국제 교역과 여행으로 세계가 좁아지고 의식도 국제화되었기 때문이다.

뉴욕이나 토론토 같은 국제 도시의 전철을 타면 서너 가지 언어의 대화를 쉽게 들을 수 있다. 단일 민족 국가인 우리의 상황은 좀 다르다. 하지만 서울 거리에서 다양한 인종의 외국인을 보는 것은 이제 자연스러운 일이 되었다. 외국 손님과 함께 올림픽 대로를 지날 때 강 건너 한남동 언덕에 교회 건물과 모스크 그리고 최신식 호텔이 나란히 서 있는 것을 보고 한국도 포스트모던적이라고 지적하는 말을 들은 적이 있다. 이 건물들은 각기 다른 세계관으로 지어진 것이어서 그 모양도 다른 것이다.

이런 세계에 살수록 우리는 분명한 기독교 세계관을 가진 사람이 되어야 한다. 오늘날과 같이 종교와 문화가 다원주의적인 사회에는 많은 세계관이 존재한다. 그것들은 의식 중에 혹은 무의식 중에 우리에게 영향을 미치고 있다. 우리와 다른 세계관을 가진 사람들이 우리에게서 영향을 받을 수밖에 없다는 것도 잊어서는 안 된다. 세계관 공부는 주변에 다양한 세계관들이 존재한다는 사실을 이해하는 데서 시작하는 것이 자연스러운 순서라 할 수 있다.

우리는 다양한 세계관의 영향력에 노출되어 있다. 특히 문화 생활 속에서 각종 토착 세계관과 외래 세계관에 노출되어 있다. 그리스도인은 전통과 문화에서 주어지는 세계관을 반성 없이 수용하여 그 비전을 따라 살아서는 안 된다. 앞서 말했듯이 세계관은 삶의 밑그림이며 그에 맞추어 세부적인 부분들이 그려지기 때문이다. 그리스도인은 주변 문화와 전통에 대해 비판적이어야 한다. 물론 좁은 의미의 종교적이며 윤리적 비판만이 아닌 세계관 비판을 해야 한다.

:: 안목의 변혁

"너희는 이 세대를 본받지 말고 오직 마음을 새롭게 함으로 변화를 받아 하나님의 기뻐하시고 온전하신 뜻이 무엇인지 분별하도록 하라"(롬 12:1-2). 이 말씀에 나오는 새로운 안목에 관한 도전을 중시해야 한다. 사도 바울은 늘 교리를 설명한 후에는 윤리적 실천 방안을 언급하곤 했다. 로마서 12장은 1-11장에서 복음의 진리를 상세히 설명한 다음 이어지는 윤리적 논의의 서론 부분이다. 그는 거룩한 산 제사로 드리는 그리스도인의 삶의 기초를 다음 두 가지로 요약한다. 첫째, 변화를 받아 새롭게 되며 하나님의 뜻을 분별하는 것과 둘째, 세상을 본받지 않는 것이다. 이는 세계관의 변혁을 말하는 것이기도 하다.

일단 형성된 세계관은 바꾸기가 매우 힘든데, 그것은 세계관 교육이 말로만 되는 것이 아니기 때문이다. 세계관은 개개인이 만들기보다 문화를 통해 전수받는다. 세계관은 우리가 의식적으로 그것을 그리기 전에 이미 우리에게 주어진 하나의 밑그림과도 같다. 우리는 그 밑그림을 토대로 해서 나머지 부분을 맞추어 그려 나가는 아이와도 같다. 물론 이것은 일반적인 가능성이다. 때로 의식적인 노력을 통해서 주어진 밑그림을 없애고 새로운 그림을 들여올 수도 있다.

아브라함 링컨은 나이가 마흔이 되면 자기 얼굴을 책임져야 한다고 했다. 그 절반인 20대에는 얼굴 전체는 아니더라도 눈, 곧 안목을 책임져야 한다. 스무 살이면 철이 들고 인생을 스스로 바라보기 시작할 나이다. 따라서 이 시기에 세상을 제대로 바라볼 안목을 갖추는 것이 인생을 좌우한다. 다른 것은 접어두고라도 평생을 같이 할 배우자를 보는 눈은 있어야 한다. 미팅을 하거나 맞선을 본 후에는 "눈이 높다"거나 "보는 눈이 왜 그 모양이냐"는 말이 오가곤 한다. 이는 안구가 박혀 있는 각도에 대한 이야기가 아니라 안목에 관한 평가다. 안목은 배우자 선택에만 중요한 것이 아니다. 같은 값을 주고 옷 한 벌을 사도 멋쟁이가 있는가 하면 민망할 정도로 촌스러운 경우도 있다. 영화를 함께 보면서도 어떤 이는 진리와 예술의 아름다움을 누리지만 어떤 이는 말초적 자극만 느끼기도 한다. 우리 속담에 "개 눈에는 뭐만 보인다"는 것이 이를 두고 하는 말이다. 모두 안목에 달린 문제다. 그리스도인의 안목은 예수님을 닮아야만 하는데, 이를 위해서는 반드시 성경의 진리를 통해 세상을 보는 안목을 갖추어야 한다.

대개 사람이 거듭나는 것과 같은 과정에서 이러한 일들이 일어난다. 달라스 윌라드(Dallas Willard)의 표현처럼 그것은 때로 "마음의 혁신"이라 불리기도 한다. 1980년대 대학가에서 행해진 운동권의 '의식화 작업'도 바로 이러한 것이었다. 물론 온전한 것은 아니었을지도 모르나, 그들의 작업은 대학 입학 전까지 가졌던 세계관을 벗기고 세상을 새로운 눈으로 보게 하는 데 효과적이었던 것임에 틀림없다.

이러한 사실은 그리스도인에게도 많은 도전을 주는데 특히 세계관 논의에서 그렇다. 참된 기독교 신앙으로 거듭남은 결국 세계관의 변혁을 수반해야 한다는 것을 보여 주기 때문이다. "오른 눈이 범죄케 하면 빼어 버리라"(마 5:29)는 말씀의 세계관적 의미를 생각해 볼 수 있다. 이 말씀을 순종해서 실제로 눈을 뽑았다는 이야기는 교회사나 내 주변에서 들어 본 적이 없다. 그러나 거듭난 사람이라면 반드시 안목이 달라지는 것이 사실이다.

바울이 말한 바와 같이 예수 그리스도 안에 있는 자는 모두가 새로운 피조물(고후 5:17)이다. 스가랴 선지자의 말처럼 허탄하고 거짓된 세계관을 따라 살아서는 안 된다(슥 10:2). 그리고 사도 요한이 우리에게 주려는 소망처럼 새 하늘과 새 땅을 바라보아야 한다(계 21, 22장). 바로 이러한 것이 세상을 다르게 보는 방법이다.

기독교 세계관이 성경의 근본 주제인 창조와 타락과 구속의 진리에 기초해서 형성된다는 점은 앞서 언급한 바 있다. 그리스도인들은 이 진리에 대해서 알고 있다. 하지만 그 진리가 어떻게 세계관 형성에 연관되는지를 주의 깊게 생각해 보는 경우는 많지 않다. 그래서 이제 기독교 세계관의 세부 내용에 대한 이야기로 넘어가 그것이 어떻게 연결되는지를 함께 살펴보려고 한다.

제3장
하나님의 창조 계획

:: 창조 진리에 대한 이해 부족

세계관 강의를 하다가 누구든지 창조에 대해 딱 1시간만 이야기하라며 둘러보면 재미있는 일이 벌어진다. 모두들 나와 눈을 마주치지 않으려고 애를 쓴다. 신학을 공부한 학생들도 거의 마찬가지다. 내가 짓궂게 그런 도전을 하는 것은 학생들이 창조 진리에 대해서 진지한 관심이 없지 않은가 하는 의심이 들어서이다. 그 결과 창조 진리의 심오함이나 중요성에 대해 깊이 인식하고 있지 않다고도 생각한다.

만약 구속에 대해서라면 10시간이라도 자신 있게 이야기할 수 있는 사람이 많을 것이다. 하지만 창조에 대해서는 흔히 "태초에 하나님께서 천지를 창조하시니라"는 말씀에 대한 부연 설명을 덧붙이는 수준을 넘지 못한다. 어느 날 무엇을 만드셨는지 순서를 따지고, 에덴동산에 대해서 이야기하는 게 고작인 경우가 많다. 진화론에 반박하기 위해 공부했던 사람이라면 조금 더 할 이야기가 많을 수도 있다. 그렇지만 삶과 세계를 바라보는 일과 관련하여 창조에 대해 이야기할 수 있느냐는 또 다른 사안이다.

학생들만 그런 것은 아니다. 신학에서도 창조론은 가장 발전하지 못한 부분이고, 자연히 교리적으로 취약 지구다. 그것은 신학이 매우 실천적인 학문이기 때문이다. 신학은 철학처럼 이론적 관심에서 출발하지 않는다. 그것은 특히 이단이나 불신 사상의 도전에 맞서 진리를 수호하고 변증하면서 발전되어 왔다. 따라서 신론이나 교회론이 가장 먼저 발전한 것은 이해할 수 있다. 근래까지 진화론 외에는 창조의 의미를 심각하게 생각해 보게끔 한 도전이 없었는데, 아마도 그것이 이 부분의 성경적 진리에 대한 이해가 깊이 있게 발전하지 못한 이유가 될 수도 있다.

창조의 진리를 진화론과 싸우는 데만 사용하는 것은 큰 낭비다. 옥스퍼드의 감독이던 윌버포스(William Wilberforce)와 런던 왕립대학의 교수 헉슬리(Thomas Henry Huxley)가 벌였던 논쟁은 가히 풍자적이다. 윌버포스는, 진화론을 설파해 온 헉슬리에게 부친과 모친 중 어느 쪽이 원숭이냐고 물었다. 헉슬리는 원숭이 조상은 괜찮으나 이름만 대면 알 만한 수치스러운 감독이 조상 중에 있는 것이 부끄럽다고 답했다. 창조의 진리가 이런 옹졸한 우문우답에 떨어진다면 안타까운 일이다.

앞에서도 이야기했지만 창조-타락-구속의 성경적 진리는 떼려야 뗄 수 없게 연결된 진리다. 따라서 창조를 제대로 모르면 타락과 구속의 의미도 오해하기 쉽다. 창조에 대한 일반적인 무지는 여러 가지 비성경적인 사고를 수용하는 원인이 된다. 우리는 창조에 대해서 무엇을 얼마나 알고 있는지 생각해 볼 필요가 있다.

:: 창조에 대한 찬양

창조에 대해 가르치면서 늘 하는 작은 놀이가 또 하나 있다. 창조에 관한 내용이 성경 어디에 가장 많이 나오는지를 묻는 것이다. 이 질문에도 모두들 주춤한다. 물론 창세기가 아닌 것 같다는 눈치는 금방 챈다. 열심히 머리를 굴려 보지만 그것이 시편이라는 것을 빨리 알아내는 사람은 별로 많지 않다. 그런 와중에도 용감하게 창세기 1장이라 답하는 사람이 있기도 한데, 이런 답변은 십계명이 어디 있느냐는 질문에 찬송가 뒷장에 있다고 답하는 것이나 다름이 없다. 그 무모함에 한바탕 웃게 되어 수업 분위기가 부드러워지니 그나마 다행이다. 사실 그런 재미로 나는 꼭 그 질문을 던지곤 한다.

시편에는 창조에 관한 노래가 많다. 대표적인 것만으로도 8, 19, 33, 48, 65, 90, 95-100, 104, 121, 144, 146-150편을 꼽을 수 있다. 잠언 8:22-31을 비롯해 욥기(38-41장)와 전도서 등 소위 다른 시가서와 이사야서에도 창조 기사가 많이 나온다. 시편이 이스라엘의 찬송이었다는 사실은 우리의 상황을 돌이켜 보게 만든다.

오늘날 예배에서 이런 찬송을 얼마나 부르고 있는지 생각해 보라. "참 아름다워라"나 "주 하나님 지으신 모든 세계"와 같은 찬송은 주일 예배에서 잘 부르지 않는다. 이 찬송가들은 주로 야외 예배용이 되어 버렸는데, 실제로는 자연 속에서 갖는 수련회에서조차 이런 찬송을 부르는 데 인색하다. 반 시간 가까운 예배 찬양 시간을 개인의 작은 내면 세계의 감상을 애절하게 노래하는 데 모두 보내고 있지는 않는지 돌아볼 일이다. 옛 성도들은 일상 속에서 창조의 진리를 체험하며 살았다. 또 그 감격을 생생한 찬양으로 노래함으로써 창조주께 영광을 돌렸다.

창조에 관한 찬송을 부르느냐 부르지 않느냐는 그리 중요한 문제가 아닐지도 모른다. 중요한 것은 그 의미를 삶 속에서 되새기며 살고 있는가 하는 것이다. 창조는 세상과 만물이 어디로부터 왔으며, 왜, 어떻게 존재하게 되었는지를 가르쳐 준다. 바로 이 점이 창조의 진리가 세계관을 형성하는 데 매우 중요하다고 하는 이유다. 성경이 말하는 창조의 진리는 진화론과의 논쟁에서만 유용한 것이 아니다. 그것을 야외 예배용 설교 본문으로만 생각해서도 안 된다.

사실 나 역시 미국에서 목회를 하던 시절 2년이 다 되도록 창조에 대한 설교는 야외 예배에서만 했었다. 얼마 후 여름 휴가 때 대자연을 마음껏 체험할 수 있는 미국 서부의 요세미티와 그랜드캐니언에 갈 기회가 생겼다. 나는 하나님의 창조 솜씨와 의도를 노래한 시편을 미리 뽑아서 그것을 묵상하며 여행할 계획을 세웠다. 얇은 주석 한 권도 챙겼다. 보고 느낀 것을 말씀에 비추어 보고 설교 메모도 할 참이었다. 돌아와 열 편 정도의 설교를 했는데, 교우들로부터 세상을 다른 눈으로 보는 데 도움이 되었다는 이야기를 많이 들었다.

우리는 창조 진리를 단지 성경의 문을 여는 이야기로만 생각해서는 안 된다. 세상을 그토록 신비롭고 장엄하게 만드신 창조주의 능력과 지혜를 보는 눈을 거기서 얻어야 한다. 예를 들어 시편 8편이 바로 그런 안목을 열어 준다. "여호와 우리 주여 주의 이름이 어찌 그리 아름다운지요"로 시작하는 이 시편은 창조의 진리를 노래한다. 하나님이 만드신 대자연의 신비 앞에서 경이를 느껴 본 적이 있는가. 얼마나 많은 사람들이 하나님이 만드신 집에 살면서 그 주인에 대해 아무런 지식이나 관심조차 없이 살아가고 있는가. 그러나 시편 8편의 저자는 이처럼 아름다운 시를 통해 그 경이로움을 노래하고 있다.

앞서 말했던 것처럼 나는 토론토 기독교학문연구소에 있던 시절, 많은 사람을 나이아가라 폭포에 안내한 적이 있다. 그 가운데는 미국에서 박사 과정을 하고 있었던 시각 장애인 친구도 있었다. 나는 그를 폭포로 안내하면서 별 소용없는 일을 하고 있다는 생각을 지울 수 없었다. 그러나 그는 그 다음 해, 나를 크게 놀라게 만들었다. 두 명의 장애인 친구와 더불어 다시 폭포 앞에 선 그가 오히려 나보다도 더 멋지게 풍경을 설명하는 것이었다. 그는 내게 '눈으로 보지 못해도 대자연의 경이를 느낄 수 있다'는 사실을 깨닫게 해주었다.

안타까운 것은, 두 눈이 성한 사람들이 하나님의 능력과 솜씨를 잘 보지 못한다는 것이다. 자연의 아름다움과 기묘함에 깊은 감동을 받고 감탄사를 발하면서도 그러니, 더욱 이상한 일이다. 하나님의 집인 세상에 살면서도 이를 깨닫지 못하는 것은 볼 수 있는 눈이 없어서가 아니다. 도둑의 심보로 사니 세상의 주인을 모를 뿐이다. 마치 도둑이 주인에게 관심을 가지기는커녕, 주인이 없기만을 간절히 바라는 것처럼 말이다.

우리는 우리가 만든 작은 세계에 파묻혀 하나님께서 만드신 세계의 아름다움과 깊은 의미를 잊고 사는 경우가 너무도 많다. 덴마크의 철학자 키에르케고르(Søren Kierkegaard)는 화려한 마차를 타고 밤길을 가는 부자는 별빛을 보며 걷는 가난한 나그네의 기쁨을 알지 못한다는 비유를 든 적이 있다. 사소한 안락 때문에 대자연이 주는 깊고 심오한 기쁨과 아름다움을 잃는 것이 오늘날 대부분의 사람이 살아가는 모습이다. 워즈워스(William Wordsworth)의 말처럼 우리는 만유에 가득한 하나님의 음성과 모습을 볼 눈을 잃었으니, 이 얼마나 옹졸하고 안타까운 일인가! 그 점에서 차라리 이교도만도 못하다고 했다. 모든 사람이 자연주의자나 낭만주의자가 되어야 한다는 말이 아니다. 다만 하나님의 경이로운 창조 세계를 보고 찬양하는 눈은 반드시 회복해야 한다.

:: 창조 교리의 실천적 진리

창조의 진리는 창조주의 능력과 대자연의 아름다움에 관한 선포에서 그치지 않는다. 그것은 또한 실천적 교훈들을 담고 있다. 이혼의 문제를 올무로 삼아 그분을 시험하려 했던 바리새인들에게 주신 예수님의 말씀이 그 좋은 예다. 예수님의 대답은 전적으로 창조의 진리에 기초를 둔 것이었다. 즉 이혼 허용 여부를 '남녀를 하나 되게 하사 부부를 이루게 하신' 하나님의 창조 질서에 입각해서 답하신 것이다.

창조의 진리가 현실 문제에 대한 답이 되는 것은 오늘날에도 마찬가지다. 창조 질서에 관한 이해는 오늘의 문화 사회적 환경 속에서 성에 대한 바른 가치관을 정립하는 데 매우 중요한 원리다. 창조 질서는 남녀 관계나 성, 결혼, 이혼 문제에 대한 근본적인 규범을 제시한다. 동성애나 트랜스젠더와 같이 논란의 여지가 많은 문제에 대해서도 그렇다. 이런 문제에 접근할 때 창조의 진리가 판단의 근거가 되어야지 상식이나 지배적인 이론에 입각하여 접근해서는 안 된다. 성경의 진리가 보여 주는 내용에 주목하고 이를 통하여 사안을 바라보는 훈련이 필요하다.

사도 바울은 그러한 안목이 실제로 어떻게 작동하는지 보여 주었다. 고린도 교회가 갈등하던 난제 중 하나는 '우상의 제물을 먹어도 되는가' 하는 것이었다. 당시 시장에 나온 고기는 대부분 우상에게 바쳐졌던 제물이었다. 바울은 창조의 진리에 비추어 원론적인 판단을 한다. 즉 모든 음식은 주님이 허락하신 것이므로 먹어도 무방하다는 것이다. 약한 형제에게 본이 되지 못할 때에는 평생 고기를 먹지 않겠다고 한 것은 목회적 고려에서 나온 자기 희생적 처방이었다. 동일한 자세가 오늘날 술과 담배에 대한 논란에 적용 가능하다. 복음성가나 CCM처럼 세속 음악의 형식을 교회에서 사용하는 것이 가한지에 대한 논의도 마찬가지다. 둘 다 창조 질서에서 본질적 규범을 찾되 그와 더불어 목회적 판단이 필요한 문제다.

여기서 이런 문제들을 구체적으로 다루려는 것은 아니다. 다만 현실의 문제를 바라볼 때 성경의 진리와 거기에 함축된 내용이 우리의 안경이 되어야 한다는 점을 강조하려는 것이다. 창조에 대해 충분한 가르침이 주어지지 않았기 때문에 그 진리의 함축과 깊이를 누리지 못하는 것은 안타까운 일이다. 창조의 진리는 흔히 생각하는 것보다 훨씬 넓고도 풍성한 내용을 가지고 있다. 다음은 창조 진리의 풍성한 실천적 함축을 이해하는 데 핵심이 되는 것들이다.

:: 역사와 문화

　가장 먼저 생각해야 할 것은 창조의 진리가 말해 주는 역사와 문화의 의미다. 성경의 창조 진리는 우리에게, 존재하는 모든 것의 시작에 대해 이야기한다. 그것들은 처음 만들어진 그대로 고스란히 보존되어야 할 것이 아니다. 성경이 말하는 창조는 완성을 예견하는 시작이었다. 물론 창조가 불완전했다거나 거기에 문제가 있었다거나 부족했다는 말이 아니다. 창조 세계는 단지 정체된 존재가 아니라 에덴 동산에서 새 예루살렘 성까지 가는 역동적인 과정이 펼쳐질 것을 예견하고 있다. 이처럼 창조 진리에는 독특한 역사관과 문화관이 들어 있다.

　역사와 문화는 창조 계획의 일부였다. 하나님이 역사를 완성하실 때 거기에 또 다른 모습의 세상이 영원히 있을 것이다. 창조로부터 완성에 이르러 영원한 안식에 들어가기까지 역사는 쉼없이 변하고 발전될 것이었다. 세상 만사에는 때가 있다(전 3장). 이것은 결코 죄와 악으로 인한 것이거나 그 자체가 죄나 악이 아니다. 타락으로 인해서 역사가 시작된 것은 아니다. 타락 때문에 개선과 발전이 필요한 것도 아니다.

　하나님이 세상을 그렇게 만드셨기에 역사는 창조를 시작점으로 하여 완성을 향하여 발전하고 변화하는 것이다. 성경은 소위 역사가들이 지적하는 대로 직선적 역사관을 보여 준다. 그것은 의미와 목적을 가지고 나아간다. 그렇다면 역사의 의미와 목적은 무엇인지 살펴볼 필요가 있다. 동산에서 성까지 가는 역사의 의미는 하나님이 거하실 처소를 지으시는 것이라고도 표현할 수 있다. 거기에는 과정이 있다. 하나님이 이 일을 계획하셨고 지금도 그것을 이루고 계신다.

　나는 성경의 처음 두 장과 마지막 두 장에 나오는 세계가 매우 흡사한 모습을 가지고 있다는 사실을 생각할 때마다 경탄을 금치 못한다. 계시록은 창세기가 쓰인 지 수천 년 후 다른 문화 속에서 다른 언어로 쓰였다. 모세와 요한은 그들의 기록이 한 권의 책으로 묶일 것을 알지 못했다. 성경을 어떻게 시작하고 마쳐야 멋진 조화를 이룰 수 있는지 의논한 적이 없다. 그러나 성경의 시작과 마침은 흡사 고딕 성당의 좌우편처럼 같은 모양으로 완벽한 상칭(相稱)을 이룬다. 둘 다 같은 곳의 모습을 그리고 있기 때문이다.

청계천 복원과 관련하여 옛날 사진을 현재의 모습과 나란히 실은 신문 기사를 본 적이 있다. 매우 달라 보였지만 인왕산을 배경으로 흐르는 개울의 모습을 보니 동일한 곳이 틀림없었다. 창세기 처음과 계시록의 끝이 그렇다. 에덴과 새 예루살렘을 통과하는 강들에 대한 이야기는 그곳이 같은 장소임을 확인할 수 있는 실마리를 준다. 그 땅에서 나는 풍성한 금은 보석에 대한 이야기도 그렇다. 생명나무도 두 곳에 다 있다. 두 곳 모두 비옥하고 광물이 풍성한 곳으로 묘사되고 있다. 가장 큰 차이는 에덴은 동산인 반면, 새 예루살렘은 도시요 성이라는 점이다. 하나님이 지으신 세계는 자연의 모습에서 점차 그분이 원하시는 문화의 형태를 띠어 간다는 것을 유추할 수 있는 대목이다.

창조는 종말이 아니라 시작이었다. 그것은 하나님의 위대한 역사인 세계의 시작이요 완성을 향한 비전의 첫 장이다. 에덴 동산에서 거룩한 성으로 이어지는 대역사의 파노라마 즉 창조 비전의 시작이다. 그것은 나무와 강, 금과 보석의 원석 등 각종 자연에 대한 묘사에서 시작하여 각종 보석으로 단장한 건물이며 길과 유리 바다에 관한 묘사로 끝난다. 세대주의적인 시각으로 단순화하여 세계 역사를 보자는 것이 아니다. 우리는 우주의 비밀을 알고, 이미 그 역사의 결과도 알고 있다. 그것을 아는 것은 하나의 은총이다. 그것을 아는 것이 우리 믿음의 근거와 행위의 동기가 되어야지, 세상의 현상과 종말에 대한 비관이나 게으름의 변명이 되어서는 안 된다.

스킬더(Klaas Schilder)는 이를 염두에 두고 문화의 궁극적인 목표는 '안식'이라 했다. 인간이 타락에 빠지지 않고 충성스럽게 문화 명령을 수행했더라면 창조주와 더불어 영원한 안식에 들어갈 것이었다. 창조에는 이미 완성을 향해 가는 종말론적 비전이 담겨 있었다.

:: 지금도 일하시는 주님

창조 이야기에는 하나님이 지금도 만물을 손에 붙잡고 일하시는 모습이 포함되어 있다. 모든 것이 비인격적인 자연 법칙에 의해 돌아간다고 보는 것과는 전혀 다른 관점이다. 시편 기자들은 지금도 하나님이 만물을 붙잡고 직접 주관하고 계신다는 의식을 가졌다. 그들은 하나님이 일하시는 모습을 매우 구체적으로 묘사한다.

여호와의 말씀으로 하늘이 지음이 되었으며 그 만상이 그 입 기운으로 이루었도다.…저가 말씀하시매 이루었으며 명하시매 견고히 섰도다(시 33:6-9). 눈을 양털같이 내리시며 서리를 재같이 흩으시며 우박을 떡 부스러기같이 뿌리시나니 누가 능히 그 추위를 감당하리요. 그 말씀을 보내사 그것들을 녹이시고 바람을 불게 하신즉 물이 흐르는도다(시 147:16-19).

이 구절들은 태초에 하나님이 말씀의 능력으로 지으신 만물을 보존하시는 역사가 지금도 계속되고 있음을 보여 준다. 시편 104편은 하나님이 지금도 물의 경계를 정하사 넘치지 못하게 하시고 샘들을 솟아나게 하신다고 노래한다. 그리하여 짐승들을 먹이시고 식물을 자라게 하시기에 모든 생물들이 "때를 따라 식물 주시"는 주를 바라본다고 했다.

그것은 그들이 비과학적인 사고를 하고 있어서가 아니다. 이들은 하나님이 지금도 만물을 붙들고 계신 것이 삶의 기초요 질서의 원인이라고 말하고 있는 것이다. 시편 104편은 하나님이 지금도 어떠한 사랑으로 만물을 돌보고 계시는지를 자세히 설명하고 있다. 예수님도 하나님이 창조 이래 지금까지 일하신다고 하셨고, 자신도 그러하다고 하셨다(요 5:17). 베드로는 하나님이 만물을 마지막 날까지 간수하고 보존하신다고 했다(벧후 3:5, 7). 하지만 오늘날 그리스도인들조차도 우주의 질서를 하나님의 이러한 역사와 연관지어 생각하지 않는다.

조금은 이상하게 들릴 수도 있는 이야기를 하나 소개할까 한다. 얼마 전, 사과가 나무에서 떨어지는 것은 중력 때문이 아니라고 주장하는 사람을 만난 적이 있다. 그가 말하기를, 중력은 사실 존재하지 않으며 사과가 떨어지는 것은 하나님이 자연을 그렇게 주관하시기 때문이라고 했다. 뉴턴 이후 그것을 '중력'이라고 부르고 있을 뿐이라는 것이다. 이쯤 들으면 이야기를 하는 이의 의도가 무엇인지 알 수 있을 것이다. 그는 그것을 중력이라 부르거나 부르지 않는 것을 문제 삼으려는 것이 아니었다. 다만 오늘날 사람들에게 중력이 물리 법칙에 의해 움직이는 비인격적인 힘이라는 생각이 강하게 박혀 있다는 사실을 환기시켜 주려는 것이다. 이처럼 현대의 과학적 사고 방식과 세계관이 성경적 안목과 매우 다른 것은 사실이다.

:: 이신론과 자연주의의 오류

창조의 질서를 비인격적으로 생각하게 된 것은 주로 자연주의 세계관의 영향 때문이라고 할 수 있다. 아울러 17세기 경부터 일부 그리스도인들 사이에서 대두된 이신론(理神論, deism)의 영향 때문이기도 한데, 르네상스의 인본주의와 자연주의 세계관의 영향으로 세계를 하나의 거대한 기계로 보게 된 것이다. 라플라스(Pierre Simon de Laplace)가 단언하듯, 이 세상과 우주를 설명하는 데 하나님의 존재는 더 이상 필요하지 않다. 그 세계는 수학과 물리학으로 얼마든지 파악하고 설명할 수 있는 세계다.

우주를 꿰뚫어 본 코페르니쿠스

이런 세계관에 깊은 인상을 받은 17세기 신학자, 철학자들은 우주를 하나의 기계로 보려고 했다. 하나님의 존재에 대해서는 '더 이상 세상을 간섭하시지 않는 초월적인 하나님'으로만 이해하려 하였다. 이는 하나님의 초자연적 지배와 지속적인 돌보심을 부정하는 사고다. 어느 소설가의 표현을 빌리자면, "하늘에 계신 하나님 거기 계시옵소서, 그러면 우리는 땅 위에서 조용히 살겠나이다"라는 식의 태도다.

성경은 세계를 이렇게 보지 않는다. 이 세계는 하나님이 분명한 의도를 가지고 만드셨고, 그 목적을 향해 나아가는 세계다. 창조주가 그 일을 주관하고 간섭하고 계신 세계다. 성경은 하나님을 '부재 군주'로 그리지 않는다. "하늘에 계신 하나님 거기 계시옵소서" 할 수 없다. 하나님은 초월적인 분이다. 그는 피조물과 다른 분이다. 동시에 그 하나님은 세상 가운데 내재하시는 분이다. 어떤 면에서 창조와 섭리는 구분이 불가능하다. 창조의 주님은 어제와 오늘과 내일이 동일하신 하나님이다.

이러한 사실을 안경으로 삼아 세상을 바라본다면, 적어도 자연주의와 거기서 비롯되는 기계론적인 세계상은 넘어설 수 있다. 아울러 거기서 파생되는 수많은 오류나 문제점들도 극복할 수 있다. 현대 과학은 기계적 세계상을 전제로 많은 발명과 발견을 이룩했는지는 모르나 그 문제점들 또한 속속 밝혀지고 있다. 세계는 맹목적인 힘에 의해 방향 없이 나아가는 것이 아니다. 또한 그 방향은 이성적 인간이 만들어 내야만 하는 것이거나 역사에 의해서 만들어지는 것이 아니다.

세상은 하나님의 계획에 의해 만들어지고 지금도 그것을 향해 나아가고 있으며, 그 과정의 주관자는 창조주 자신이시다. 이러한 사실은 우리에게 삶의 방향과 목적에 대한 믿음을 주며, 낙관과 비관을 넘어서는 바른 삶의 태도를 부여한다. 이것은 존재와 역사에 대한 매우 근본적인 해답이다. 그리스도인은 이런 기초 위에 살아간다. 꼭 '무로부터의 창조'라는 교리를 되뇌지 않더라도 이는 매우 중요한 사실이다.

창조주 하나님은 졸거나 주무시지 않는다. 이것은 단순히 우리 개인의 인생에 대해서 무책임하거나 무관심하신 분이 아님을 깨우치는 설교의 단편이 아니다. 하나님은 창조주이실 뿐 아니라 역사의 주인이시다. 하나님은 세상을 오래 전에 만들어 놓고 그것을 버려 두신 것이 아니다. 하나님은 단번에 6일 간 창조하시고 손을 떼신 것이 아니다. 안식하셨을 뿐이다.

:: 말씀과 순종의 창조 질서

여기에 덧붙여 생각할 점은, 성경의 창조 이야기는 철저히 일원론적 관점에서 만물의 근원을 설명하고 있다는 것이다. 성경은 세상 만물이 하나님 말씀에 대한 순종으로 존재하게 되었다는 사실을 분명히 한다. 그것은 비성경적인 존재론에 빠지게 하는 영/육의 이원론이나 세속과 거룩한 영역으로 구분하는 일에서 근본적으로 벗어나게 한다. 이원론을 배격하고 땅과 하늘에 있는 모든 만물이 다 주께 속하였다고 말한다. 코넬리우스 반틸(Cornelius Van Til)이 성경적 신앙의 가장 첫째 되는 전제는 '삼위 하나님이 창조주이시며 그 외의 모든 만물은 피조물이라는 구분'이라고 강조한 이유도 같다.

세상은 우연의 산물이 아니며 무지막지하지도 않다. 세계는 오묘하다. 신비롭게 조화롭다. 예술적이며 섬세하다. 그것은 하나님의 지혜와 권능을 보여 준다. 더욱이 모든 세계는 그의 말씀으로 질서 정연하게 만들어졌다. "만물은 있으라" 하시매 그에 대한 대답으로 있게 되었다. 그것이 어떤 형태의 말씀인지는 알 수 없다. 하지만 성경의 표현대로라면 창조는 말씀("가라사대")과 아멘(시 33:6-7, 9)의 구조를 가지고 있다. 만물은 오늘날에도 여전히 그의 말씀에 순종함으로 있다. 그의 뜻하신 바대로 존재한다. 창조의 체계는 말씀과 순종이었다.

하나님은 각 사물에 대한 구체적인 설계를 가지고 '그렇게 있으라' 하신 것이며, 피조물은 그에 대한 충실한 응답으로 있게 되었다. "저가 말씀하시매 이루었으며 명하시매 견고히 섰도다." 여호와의 말씀은 결코 공허하게 허공에 퍼지는 법이 없다.

> 내 입에서 나가는 말도 헛되이 내게로 돌아오지 아니하고 나의 뜻을 이루며 나의 명하여 보낸 일에 형통하리라(사 55:11).

오늘날도 모든 피조물은 그분의 말씀에 대한 응답으로 존재한다. 그분의 부르심에 거역하면 존재의 기반은 소멸된다. 예를 들어 나무로 있으라 했는데 돌로 있겠다는 것은 모든 나무의 종말을 의미한다. 디즈니 만화영화 "판타지아"에 나오는 미숙한 마술사처럼 토끼를 나오게 하려 했는데 생쥐가 나오는 일은 결코 있을 수 없다. 하나님은 실수가 없으시고, 그의 말씀에는 불복종이 없다.

하나님의 말씀은 창조와 존재의 법이요, 규범이다. 이것은 창조 때부터 지금까지 존재하는 피조물에만 해당되는 것이 아니라 그 이후 발달 과정에서 나타난 모든 존재에도 해당된다. 이 세상에 존재하는 모든 사물은 원칙상 하나님의 존재의 법으로부터 자유로울 수 없다. 하나님의 말씀은 존재의 원리다.

모든 존재는 하나님 뜻의 산물이다. 그런 점에서 도예베르트의 말처럼 존재는 곧 의미다. 즉 존재하는 모든 것은 그 자체가 하나님의 창작 의도를 드러내는 명백한 표현이라는 것이다. 아울러 그것은 법 아래 있어 하나님의 말씀에 대한 순종 즉 '아멘'으로만 존재한다. 사물들에게 있어 하나님 말씀에 순종하지 않는 것이란 없다. 예를 들어, 먹지 않고 존재할 수 있는 생명체는 없다. 하나님이 존재를 그렇게 만드셨기 때문이다. 존재하는 모든 것이 하나님의 말씀에 순종할 때 이 세상은 변함없는 모습을 유지할 수 있다. 우주는 늘 제자리를 지키며 사계절은 착오 없이 제철을 지킨다. 이 모두가 하나님의 신실하심에 입각한 것이다.

:: 하나님의 뜻을 분별하기

창조가 하나님의 명령에 따른 순종 체계라는 사실이 가진 가장 중요한 함축은 이것이다. 창조주 하나님의 뜻이 모든 존재하는 것들의 옳고 그름을 가릴 기준이라는 것이다. 특히 자유 의지를 가진 인간의 행사를 판단할 기준이 된다. 간단히 말해서 하나님의 창조 질서에 따라 행하는 것은 바르고, 그렇지 않으면 잘못된 것이다. 그 구분은 그리 어렵지 않고 대개 명백하다. 고층 빌딩에서 뛰어내리면 죽을지 살지 몰라서 한번 뛰어내려 보는 사람은 없다. 중력이라 불리는 창조 질서 역시 너무나 명백하다. 아무리 세계관이 다양하다 하더라도 창조 질서를 거스르면서 완전한 상대주의로 나아갈 수 없는 것은 바로 이런 이유 때문이다. 물론 세상만사가 늘 흑백으로 명백하게 가려지는 것은 아니다. 그러나 오늘날 일부에서 생각하는 것처럼 진리가 모두 '보기 나름'이 아닌 것은 분명하다.

미국에서 신학교를 다닐 때 리처드라는 미국인 친구와 자취 생활을 한 적이 있었다. 리처드는 남달리 정이 많은 남부 알라바마 주 출신이었다. 그가 방학 때 우리집에 와서 잠시 지낸 적이 있는데 아침에는 식구들과 같이 국밥을 먹었다. 그 때 콩나물국에 맛을 들였다. 다시 미국에 돌아가 공부하던 중 내가 감기 몸살이 나자 이 친구 기억에 감기 몸살에는 콩나물국이 좋다는 말이 떠올랐던 모양이다. 나를 위해 꽤 멀리까지 가서 숙주나물을 사다가 국을 끓여 놓고 나를 깨웠다. 실망시키기 싫어 나는 억지로 그것을 먹었다. 비리고 역겨운 국맛을 보고 싶은 사람은 언제든 한 번 시도해 보시라.

리처드의 숙주나물국은 음식 궁합을 못 맞춘 것이다. 성경은 콩나물로 국을 끓이고 숙주로 나물을 무치라고 가르쳐 주진 않는다. 그러나 창조 질서를 따라 사는 것이 옳고 그렇지 못하면 잘못이라는 것은 가르쳐 준다. 창조 질서에 어긋나는 조리법은 겉보기에는 비슷하더라도 결과는 완전히 다르다. 영어로는 콩나물이건 숙주건 똑같은 bean sprout이지만 맛은 천지차이다.

언젠가 주부 성경 공부를 인도하면서 앞서 말한 예화에 이런 이야기를 덧붙인 적이 있다. 성경적 세계관이 오늘 저녁 반찬으로 콩나물을 살지 숙주나물을 살지 가르쳐 주지는 않을 것이다. 하지만 장바구니를 보며 돈을 제대로 썼는지 판단할 눈은 생긴다고 했다. 하루 또는 일주일 가계부에 대한 파악은 더 분명하다. 성경적 세계관을 가진 사람이라면 생활 방식과 소비 습관 전반에 대한 안목도 생겨야 마땅하다. 백화점 지하 식품 매장에서는 바른 안목과 잘못된 세계관의 차이가 크게 나지 않을 수 있다. 하지만 옷과 화장품, 장신구를 파는 층이나 귀금속, 가구를 파는 층에서는 더욱 분명한 차이가 드러나기 마련이다.

뿐만 아니라 인간을 통해서 만들어지는 가정, 사회, 교육, 법, 정치, 경제 등 사회 제도나 질서도 마찬가지다. 하나님이 존재의 원리와 삶의 질서 그리고 그것을 바로 유지할 규범을 주셨다. 인간이 인간답게 살기 위한 법도는 하나님이 내신다. 따라서 국가나 결혼과 같은 문화 사회적인 기구와 제도도 그 온전함의 판단 기준은 하나님의 법도이어야 한다. 우리 삶 속에서 이것을 찾아내는 과업은 학문에 있다. 학문은 하나님의 위대한 창조 세계를 살펴 하나님의 법도를 발견한다. 여호와를 경외하는 것이 지식의 근본인 이유는 바로 여기에 있다. 성경과 함께 세계를 공부하는 것은 중요하다. 성경은 누가 이 세상을 그토록 오묘하게 또 왜 지으셨는지를 보여 준다. 세상은 하나님이 그것을 어떻게 만드셨으며 언제 만드셨는지를 보여 준다(Cornelius Plantinga, Jr., *Engaging God's World*, p. 24).

이런 이야기를 들으면 규범으로 인해 옴짝달싹 못하게 얽힌 세계를 연상하는 사람들을 위해 이런 말을 덧붙여야 할 것 같다. 사실 나는 저녁 반찬으로 콩나물과 숙주나물을 놓고 선택하면서 하나님의 뜻을 예정론 따지듯 하는 것은 잘못이라고 생각한다. 이런 문제에 대해서는 지나치게 하나님의 뜻을 찾아 행하려는 강박 관념에서 벗어날 필요가 있다. 저녁 반찬으로 무엇을 준비하기 원하시는 것이 단 한 가지로 정해져 있다고는 생각되지 않기 때문이다. 많은 경우에 하나님의 뜻을 따라 행하는 방법이 오직 하나밖에 없는 것은 아님이 분명하다.

    나는 그리스도인들이 이런 선택에서 자유를 누리는 것이 필요하다고 생각한다. 창조의 규범은 운명론적으로 우리를 꼼짝달싹 못하게 묶어 놓는 굴레가 아니다. 하나님의 창조 질서를 순종하는 일에는 창조적이며 자유로운 놀이의 여백이 충분하다. 콩을 가지고 콩나물국만 끓여 먹으라는 법은 없다. 메주를 쑤어 된장, 간장, 청국장을 담글 수 있다. 두부를 만들어도 연두부, 순두부, 비지를 다양하게 만들 수 있다. 콩자반을 만들 수도 있다. 콩기름을 짜고 거기서 섬유를 뽑아 천을 짤 수도 있다. 또 천을 염색할 때 방염제로 사용할 수도 있다. 신문의 잉크 원료로 사용하기도 한다. 다 하나님이 허락하신 것이요 기뻐하실 일이다. 그렇지 않고서야 콩을 원료로 한 반찬과 상품의 종류가 그토록 많을 수 있겠는가.

제4장

사람이 특별한 이유

∷ 사람이 무엇이길래

매스컴을 통해 입양아들이 혈육을 확인하려는 눈물겨운 사연을 가끔 보게 된다. 나도 갖은 고생 끝에, 다른 집에 입양된 쌍둥이 형을 찾아낸 사람의 이야기를 알고 있다. 그들은 빛바랜 사진 한 장을 들고 바다를 건너와 신문사나 방송국을 전전한다. 때론 뜻을 이루기도 하지만 결코 쉽지 않은 일이다. 만난다 한들 실망할 가능성 또한 배제할 수 없다. 무엇이 그런 수고와 부담을 무릅쓰게 하는가. 그것은 자신이 누구인지, 뿌리를 확인하지 않고는 견딜 수 없는 인간의 본능 때문이다. 사람이 누구인지, 무엇을 위해 사는 존재인지는 영원한 질문이다. 이는 그리스도인들만이 아니라 모든 사람이 추구하는 것이다. 그것은 모든 문화와 시대의 종교와 철학과 예술에 묻어 있는 질문이다.

창조 진리는 바로 인간 근원과 목적에 대한 물음에 답을 준다. 창조는 우주와 역사의 기원과 더불어 인간이 어디서, 어떻게, 무엇을 위해 있게 되었는지를 밝혀 준다. 성경은 인간의 창조를 특별한 사건으로 설명하고 있는데, 그 내용을 확인할 수 있는 대표적인 곳은 창세기 1:26-28과 시편 8편이다. 이 본문들은 우리가 어떤 존재인지 보여 준다. 아니, 어떠한 존재였는지 보여 준다고 해야 좀더 정확할 것이다.

인간이 무엇인지를 아는 것은 세계관 형성에서 매우 중요하다. 철학의 아버지 소크라테스가 자신을 아는 것을 지식의 근본으로 여긴 것도 같은 이유에서다. 델피 신전의 현판에서 나온 그의 격언은 인간이 신은 아니지만 동물도 아님을 알라는 뜻이라 한다. 그렇다면 그리스인들도 인간의 독특성을 어렴풋하게나마 알고 있었던 셈이다. 성경은 인간을 하나님과 다른 피조물들 사이에 위치하는 독특한 존재라고 말해 준다.

독일의 신학자 헬무트 틸리케(Helmut Thielicke)는 「세상이 어떻게 시작되는가」(*How the World Began*, 컨콜디아사 역간)에서 인간의 창조가 얼마나 특별했는지를 잘 설명한 바 있다. 그것은 하나님의 중대 결단이었다고 했다. 성부, 성자, 성령 삼위가 모여 의논하여 결정하실 만큼 중대한 일이었다. 물론 이런 틸리케의 설명에는 다소 문학적인 수사가 곁들여져 있다. 하지만 다른 사물들을 말씀으로 '뚝딱' 창조하신 것과 다른 것은 분명한 사실이다. 틸리케는 이를 강조하기 위해, 인간 창조는 "하나님의 모험"이었다고까지 했다. 세상이 인간에게 맡겨지고 그에 의해서 좌우될 것이기 때문이다. "우리가 사람을 만들고 그로…모든 것을 다스리게 하자"(창 1:26) 이것이 삼위 하나님의 결단이었다. 시편 8편은 "사람이 무엇이기에 주께서 그를 생각하시며 인자가 무엇이기에 주께서 그를 돌보시나이까"라고 노래한다. "저를 천사보다 조금 못하게 하시고 저에게 만물을 맡아 다스리도록 하셨다"고 밝힌다. 거기에 언급된 가축과 들짐승, 새와 물고기는 만물의 일부일 뿐이다. 하나님은 시공간 내의 유무형의 모든 것을 인간에게 맡기셨다.

그분이 왜 그렇게 하셨는지 우리는 알 수 없다. 그분의 '기쁘신 뜻' 가운데 그렇게 하셨다고 할 수밖에 없다. 혹시 아기가 없는 부부가 출산을 고대하는 이유를 생각해 보면 도움이 될지도 모른다. 결혼하여 살 집을 장만하고 가구를 들이고 강아지와 십자매, 열대어 등 애완 동물도 기르고 정원도 가꾼다 하자. 그러나 아이가 없다면 가장 중요한 것이 빠진 것일 수 있다. 자녀는 부모의 닮은꼴, 즉 형상이며 삶을 나누는 식구이기도 하다. 하나님도 자신을 닮은 존재를 만드시고 그와 더불어 모든 것을 나누며 그것을 맡아 돌보게 하셨다. 물론 이는 하나의 먼 비유일 뿐이다. 하나님은 결단코 부족함이 없으신 분이시다.

:: 문화 명령: 창조의 동역자

신학자들은 사람이 창조와 역사의 동역자로 창조되었다고 설명한다. 인간은 나무를 땅에서 솟아나게 하거나 자라게 하지는 못하지만, 그것을 가꿀 수는 있다. 꽃을 피우거나 열매를 맺게 하지는 못하지만, 아름다운 꽃을 피우고 탐스러운 열매를 맺도록 돌볼 수는 있다. 끝없이 펼쳐진 제주도의 유채꽃밭과 어린아이 머리 만한 신고배가 좋은 예다.

인간은 모든 피조물을 다스리고 운영하는 하나님의 대리인이다. 하나님의 집을 지키고 가꾸고 다스리는 집사(執事)다. 신학자들은 흔히 인간의 특성인 하나님의 형상을 '다스림'이라는 독특한 사명과 연관시킨다. 물론 거기에는 성경적 근거가 있다.

> 하나님이 가라사대 우리의 형상을 따라 우리의 모양대로 우리가 사람을 만들고 그로 바다의 고기와 공중의 새와 육축과 온 땅과 땅에 기는 모든 것을 다스리게 하자 하시고 하나님이 자기 형상 곧 하나님의 형상대로 사람을 창조하시되 남자와 여자를 창조하시고 하나님이 그들에게 복을 주시며 그들에게 이르시되 생육하고 번성하여 땅에 충만하라, 땅을 정복하라, 바다의 고기와 공중의 새와 땅에 움직이는 모든 생물을 다스리라 하시니라(창 1:26-28).

소위 '문화 명령'이라 불리는 구절이다. 네덜란드의 신학자 스킬더는 인간을 분명한 사명을 부여받은 사역자(office-bearer)라 했다. 하나님을 대신하여 우주를 다스리는 부제(副帝, vice-regent)로 만드셨다고도 했다.

이렇게 볼 때 사람들이 진화론에 영향을 받아 흔히들 상상하는 한가한 원시인의 모습은 허구임이 드러난다. 인간은 시작부터 분명한 사명을 가진 '일꾼'이었다. 그의 일은 하나님의 창조가 완성을 향해 가는 과정에 중요한 요소다. 하나님은 그분이 창조하신 모든 것을 인간에게 맡기셨다. 하나님이 일하시지만 놀랍게도 그 일에 인간을 동참시키셨다.

땅을 "정복하고" 만물을 "다스림"은 인간의 주권적인 지위를 보여준다. "그를 천사보다 조금 못하게 하시고 영화와 존귀로 관을 씌우셨나이다. 주의 손으로 만드신 것을 다스리게 하시고 만물을 그의 발 아래 두셨으니 곧 모든 소와 양과 들짐승이며 공중의 새와 바다의 물고기와 바닷길에 다니는 것이니이다"(시 8:4-8). 그것이 인간을 특별히 만드시고 큰 관심을 기울이시는 이유라고 했다. 신학자들은 이 관계를 왕과 영주의 관계나 집사, 사역자, 청지기 등의 개념으로 표현한다.

인간은 자연을 일구어 문화를 만드는 사명을 가진 일꾼이다. 우주 만물의 지휘자요, 창조의 비밀을 여는 열쇠(롬 8:19-22)다. 역사는 인간에 의해 만들어진다. 물론 하나님의 뜻과 섭리 아래서 그것이 이루어져야 마땅하다. 인간은 하나님과 더불어 창조를 완성으로 끌고 나갈 역사의 대리인이다. 인간이 창조의 청지기라는 사실은 인간 마음대로 하는 것이 정당화될 수 없음을 내포한다. 인간의 활동은 창조 질서와 하나님의 계획을 존중하는 가운데 이루어져야 한다. 창조가 하나님의 말씀에 대한 순종이듯, 문화와 역사도 그에 순종해야 한다. 문화는 자연과 대립되는 개념이 아니다. 인간은 스스로 세운 계획과 질서를 세상에 부여하는 주권자가 아니라 하나님의 통치를 대행하는 사역자다.

:: 특권과 책임: 다스림과 돌봄

인간의 다스리는 특권은 자연을 '돌볼' 책임과 같이 온다. 창세기 2:15은 창조를 가꾸고 돌보며 지켜 보존하기 위해 일해야 할 것을 말한다. 린 화이트(Lynn White)는 「생태 위기에 관한 역사적 근거」(The Historical Roots of Our Ecological Crisis)에서 환경 문제에 대해 그리스도인들의 의식이 깨어나야 한다고 촉구했다. 환경 문제가 오늘날 중요한 사안이기는 하지만 그가 환경주의자들을 따라 "문화 명령" 자체에 자연 파괴적인 세계관이 담겨 있다고 주장한 것은 옳지 않다. 문화 명령에 나타나는 '정복과 다스림'은 자연을 경작하며 돌보고 가꾸고 풍성하게 하기 위한 것이다. 거기에는 현대 문화의 특성인 지배와 착취, 탐욕스러운 낭비와 파괴가 정당화될 여지가 없다. 특히 하나님의 뜻을 존중하는 가운데 이루어지는 문화 개발은 더욱 그럴 수 없다.

세상은 인간의 활동을 통해 하나님 나라가 만들어질 무대였다. 창조 세계와 에덴 동산은 완벽한 곳이었으나, 하나님은 그것을 그대로 보존하려 하신 것이 아니었다. 창조를 그대로 보존하실 작정이었다면 "생육하고 번성하라"고 명하시지 않았을 것이다. 집안을 깨끗하게 청소하고 멋지게 꾸민 후 그대로 보존하려면 아이가 없는 것이 최선의 방법이다. 아이들은 늘 집안을 어지럽히고 망가뜨리기 때문이다. 그러나 하나님은 생육하고 번성하라, 많이 낳아서 그들로 하여금 세상을 다스리게 하라고 하셨다.

오늘날의 환경 문제는 반드시 인구가 많아진 것에 기인한다고 보지 않는다. 오히려 자연을 돌보는 대신 착취하고 남용하여 피폐하게 하고 파괴하고 오염시키는 데 있다. 자연을 개발하기 위해 손을 대는 것 자체는 잘못이 아니다. 그것은 피할 수 없는 일이다. 농사를 지으려면 나무를 베어내고 땅을 파헤치고 돌을 골라내야 한다. 도시를 건설하거나 공항을

짓기 위해서는 산을 헐거나 바다를 메울 수도 있을 것이다.

언젠가 한 모임에서 어떤 분이, 환경을 파괴하는 것이 직업인 사람은 어쩌면 좋겠냐고 물어온 적이 있었다. 그분은 토목공학자였다. 산을 깎고 바다를 막는 것이 전공이라고 했다. 그 질문에 나는 어떻게 대답해야 할지 몰랐다. 그래서 무엇을 하느냐도 중요하지만 어떤 목적으로 어떻게 하느냐가 더 중요하지 않겠느냐고 되묻고 말았다. 언뜻 생각해 봐도 자연 개발은 불가피한 일이라는 생각이 든다. 물론 하나님이 세상을 인간에게 맡기신 뜻을 존중하면서 개발한다는 전제하에서다. 그 대화가 계기가 되어 그분이 좀더 전문적인 답을 찾으셨기를 지금도 바라고 있다. 하나님이 맡기신 세상을 책임지고 돌보는 것은 우리 모두가 함께 지혜를 모아야 가능하다.

학생들과 토의를 하다 보면 비슷한 질문을 자주 받는다. 예를 들어 기계공학을 어떻게 하는 것이 합당하냐고 묻는 것이다. 나는 그걸 내게 물어야 아무런 소득이 없다고 되받는다. 바로 그것을 알아내라고 하나님이 그 공부를 하게 하신 것이 아니냐고 덧붙인다. 전공과 관련된 질문을 신학자에게 묻는 것은 무책임과 게으름의 발로가 될 수 있다고도 말한다. 무엇이나 목회자나 신학자에게 답을 요구하는 것은 바른 자세가 아니라고 믿기에 하는 말이다.

하나님이 인간에게 모든 것을 맡기셨다는 것은 세상에서 손을 떼셨다는 뜻은 아니다. 앞서 설명한 것과 같이 그분은 창조 이후 지금까지 세상 속에서 일하고 계신다. 신학에서는 하나님의 일하심을 '섭리' 또는 '경세'(經世)라고 부른다. 뒤의 것은 영어로 'economy'로, 세상을 경영한다는 의미다. 헬라어로 집인 '오이코스'(*oikos*)에 법 또는 통치를 말하는 '노모스'(*nomos*)가 합쳐진 '오이코노미아'(*oikonomia*)에서 나온 말이다. 곧 하나님의 집을 다스린다는 뜻이다. 하나님은 이 세계가 존속할 수 있는 질서를 유지하시며 그것을 붙들고 계신다. 인간이 맡은 바 소임을 다할 수 있도록 환경을 허락해 주시는 것이다(시 65, 104편). 인간은 이 환경 속에서 하나님의 일을 하며, 그분과 함께, 또 그분을 위하여 일하는 일꾼이 되는 것이다. 인간이 가장 먼저 해야 할 일은 하나님을 예배하는 것이다. 한 주가 안식일로 시작하는 것은 바로 이 때문이다. 인간의 모든 행사는 창조주를 예배하는 것에서 출발한다. 하나님을 섬기는 바른 관계 속에서 다른 피조물을 그분의 뜻대로 다스리고 돌보는 관계를 누리며 살 수 있다.

　이 모든 일의 궁극적인 기준은 하나님의 뜻이다. 그것은 창조 질서 속에 이미 담겨 있고, 그분의 계시로 밝히 보이셨다. 인간은 그 뜻에 순종하여 창조를 발전시킨다. 문화는 궁극적으로 하나님의 영광을 위해서 하는 것이다. 그분의 뜻이 존중되지 않는 곳에서 그분의 영광이 드러날 수 없다. 웨스트민스터 소요리 문답의 내용처럼, 하나님께 영광을 돌린다는 것은 이미 세계에 충만한 그분의 영광을 인정하고 드러내는 것이며, 그분의 영광을 반사적으로 밝히는 것이다. 이는 하나님의 창조 질서와 뜻을 인정하고 순종할 때 일어나는 일이다. 그분께 영광을 돌리는 방법은 수없이 많다. 그 중 한 가지는 그분이 창조하신 세상을 잘 이해하고 사랑하는 것이다. 공부와 문화 활동의 가치는 여기에서 비롯된다. 문화는 결코 인간의 자율적인 기획이 아니다. 자연이 순종으로 존재하듯 문화도 그렇다.

:: 문화 명령의 실천

　창조의 진리는 세상의 근원뿐만 아니라 문화의 기원도 보여 준다. 자연과 문화는 모두 하나님에게서 비롯된다. 문화 명령은 사물의 본성을 연구하여 그 지으신 목적대로 개발함으로써 성취된다. '다스림'이란 억압과 통제라기보다는 창조의 질서와 목적을 따라 잠재된 가능성을 개발하는 것이다. 이는 사물의 "본성을 밝히 앎으로" 가능하다. 아담이 에덴동산에서 동물의 이름을 짓는 모습(창 2:19-20)이 그 좋은 예다. 범죄하기 전 아담은 이를 통해서 문화 사명이 어떻게 성취되는지를 보여 주었다.

이름은 사물을 다루는 가장 기본적인 행위다. 그것은 개념적인 파악이며 언어를 통해서 사물을 지배하고 다루는 행위다. 이름을 통해서 인간은 세상의 사물을 분류하고 정리하여 나름의 질서를 세운다. 미셸 푸코(Michel Foucault)의 주장처럼 사물의 질서는 곧 말의 질서다. 그러므로 말의 질서가 하나님이 만드신 사물의 질서를 올바르게 반영하는 것이 매우 중요하다. 그렇지 못할 때에는 푸코의 말처럼 폭력이 개입될 수 있다. 인간은 사물의 본성을 파악함으로써 하나님이 창조 때에 만드신 것들을 열어 발전시킨다. 이것이 창조와 문화 명령의 가장 핵심적인 내용이다.

문화 명령의 실천은 레고 놀이에 비교할 수 있다. 레고를 선물로 받은 아이는 포장을 뜯고 상자를 열어 자유롭게 이런저런 것들을 만들며 논다. 레고 조각들이 상상을 통해 엮이고 쌓일 때 성이 되고 자동차가 되어 구르기도 한다. 많게는 1,000개가 넘는 조각으로 구성된 이 장난감은 창조적인 활동을 유도한다. 이 보잘것없는 플라스틱 조각들이 세계적으로 유명한 장난감이 된 이유가 거기 있다. 마찬가지로 문화란 하나님이 선물로 주신 자연을 열어 상상력을 발휘해 개발하는 일이다.

카이퍼가 지적한 것처럼 하나님의 선물에는 소명이 담겨 있다. 그는 독일어로 '소명'(*aufgabe*)이 '선물(*gabe*)을 열어 펼친다'는 의미를 담고 있는 점을 들어 설명한 바 있다. 선물(gift)과 소명(call)의 이중 구조는 달란트 비유(마 25:14-34)를 통해서도 잘 볼 수 있다. 돈을 비유의 소재로 택하신 예수님의 의도는 쉽게 짐작할 수 있다. 다른 무엇보다도 억대의 현금을 땅에 파묻는 어리석음은 누구에게나 큰 충격을 주었을 것이다. 이처럼 하나님의 선물과 소명은 함께 있다. 창조는 하나님의 걸작으로, 인간에게 문화의 터전으로 주신 은혜의 선물이며 거룩한 소명이다.

인간은 상상, 이해, 분석, 종합, 직관, 느낌을 통해 세상을 파악하고, 솜씨와 재능을 발휘하여 개발함으로써 그 소명을 감당한다. 온 세상에 가득한 하나님의 영광을 풀어 드러내고 반영하여 그분께 찬양을 돌린다. 문화는 인간의 의도가 담긴 자연의 변형 또는 조작 행위 전체다. 반드시 고급한 것만 아니라 원시적이고 유치한 것도 포함된다. 또 역사적으로 누적된 모든 활동의 결과를 말한다. 문화는 결코, 어떤 이들이 잘못 생각하는 것처럼 타락 이후 인간들이 만들어 낸 것도, 타락 이후 죄악을 억제하기 위해 고안된 처방전도 아니다. 문화는 타락보다 앞선다. 문화의 기원은 창조에 있다. 창조와 문화는 타락으로 인해 무효화되지 않았다.

:: 창조 질서의 탐구

문화 명령의 수행은 창조 질서와 사물의 본질을 아는 데서 비롯되는데 이를 위해서는 세상을 탐구해야 한다. 여기에는 만물을 만드신 하나님의 뜻을 알고자 하는 겸허하고도 진지한 자세가 필요하다.

노예 출신의 흑인 농학자인 카아버(George Washington Carver)의 이야기가 좋은 예다. 그는 자신과 같은 흑인들을 돕기 위해 농학을 택했고, 오랜 목화 농사로 황폐해진 밭의 기운을 회복시키기 위해 땅콩 농사를 권장했다. 잘 알려진 대로 콩과 식물은 주된 양분인 질소를 공기 중에서 합성하기 때문이었다. 그러나 그의 말에 너도 나도 땅콩을 심은 결과, 땅콩이 너무 많이 생산된 것이 문제가 되었다. 그는 이 문제를 놓고 기도하는 가운데 하나님께 땅을 만드신 이유와 농사를 하게 하신 까닭을 물었다고 한다. 하나님은 그에게 '네가 묻기에 너무 큰 질문들'이라고 응답하셨다. 그래서 그는 퉁명스럽게 '도대체 땅콩을 왜 만드셨냐'고 물었다. 그러자 '그것이 네가 물어야 할 바른 질문'이라는 답이 왔다. 그 질문을 붙잡고 성실하게 씨름한 결과, 카아버는 '땅콩 박사'가 되었다는 이야기다. 그가 땅콩을 재료로 개발한 제품은 '땅콩 버터'를 비롯해 셀 수 없을 만큼 많다. 이것이 바로 하나님의 법과 우주의 비밀과 신비를 탐사하는 태도다.

물론 세상을 탐사하는 것은 지적인 연구 활동으로만 드러나는 것은 아니다. 감성 능력을 발휘해 세계의 아름다움을 예술적으로 드러낼 수도 있다. 체육과 무용은 몸을 통해서 그 일을 한다. 기술과 정치, 경제, 윤리 등 다양한 방식의 개발이 가능하다. 세상의 탐사는 물질 세계뿐만 아니라 정신 세계도 포함된 온전한 개발과 발전을 추구해야 한다. 그것은 창조의 법을 연구하여 하나님이 그 속에 무엇을 담아 놓으셨는지를 풀어내는 작업이다.

문화는 인간의 모든 영역에서 하나님의 뜻에 맞게 창조 세계를 조성하고 보호하며 가꾸는 일을 통해 이루어진다. 이것은 개인적인 일이 아니요, 하나님 백성의 공동체적 역사다. 이 모든 사역의 궁극적인 목표는 하나님 나라를 향하여 나아가는 것이다.

여기서 특히 조심해야 할 것이 하나 있다. 하나님의 영광을 세상적인 기준에서 생각하는 성공이나 찬란한 무엇과 동일시하는 일이다. 하나님이 원하시는 문화의 표지는 화려하거나 큰 것이 아니라 샬롬, 즉 의와 화평이라는 점을 명심해야 한다. "하나님 나라는 먹는 것과 마시는 것이 아니요, 오직 성령 안에서 의와 평강과 희락이라"(롬 14:17). 스킬더는 문화의 궁극적 의미를 '안식'이라 했다. 여기서 안식이란 '쉼'보다 '하나님과의 교제를 통해 의와 평강을 누린다'는 의미가 강조된 것이다.

인간은 자연 만물의 반주에 맞춰 하나님을 찬양하는 찬양자라고 할 수 있다. 자연이 있는 그대로 하나님을 찬양하는 것과 인간이 인격적으로 하나님을 찬양하는 것과는 차이가 있다. 각종 악기는 놀랍고 오묘한 소리를 낸다. 그러나 인간의 목소리만이 구체적이며 분명한 의미를 담은 찬양을 할 수 있다. 마찬가지로 자연 만물을 지으신 뜻을 깊이 이해하여 언어와 사유를 담아 찬양하는 일은 오직 사람만이 할 수 있다. 그것이 우리의 독특한 본분이며 복이다.

:: 인격적 자유를 누리는 존재

인간이 문화 사역자라는 것은 자유 의지를 가진 인격으로 지음 받은 사실과 직결되어 있다. 사물은 하나님의 말씀에 자동적으로 순종한다. 존재 자체가 순종이다. 그러나 인간은 자유 의지를 가지고 자발적으로 순종하는 특권을 받았다. 또 자유로운 상상력을 통해 자연을 개발하여 문화를 만들어 낸다. 인간에게 문화가 가능한 것은 자유라는 독특한 은사 때문이다. 자유가 인지 능력보다 더 분명한 인간의 특성으로 꼽히는 이유가 여기에 있다.

문화는 인간이 본능에만 매여 있지 않기에 가능하다. 동물이 문화를 만들지 못하는 것은 본능을 초월하지 못하기 때문이다. 벌집이나 거미줄은 놀랄 만큼 정교하지만 그것은 본능에 따른 형성으로, 아무리 시간이 흘러도 발전하거나 달라지지 않는다. 하지만 인간이 만들어 내는 문화는 환경과 역사에 따라 끊임없이 변하며 지극히 다양하다. 인간은 단지 높은 지능을 필요로 하는 문화적 사명 때문에 독특한 존재가 아니다. 흔히 인간을 호모 파베르(*homo faber*), 호모 사피엔스(*homo sapiens*), 사회적 동물, 정치적 동물 등으로 특성화한다. 하지만 근래에는 철학적 인간학에서도 인간의 특성을 높은 지능이 아니라 '본능에 대해 열려 있음'(openness)으로 본다. 이는 비교적 성경적 인간관에 근접한 것이라고 하겠다.

인간 역시 본능을 비롯한 상황에 지배를 받지만 의지로 그것을 극복하기도 한다. 그래서 가치 있는 일이라면 죽음도 무릅쓰고, 극한 상황에서도 거리를 두고 웃을 수 있는 것이다. 이렇듯 인간은 열려 있는 존재다. 인간은 물질적인 존재인 동시에 영혼을 가진 존재다. 죽으면 그만인 존재가 아니다. 인간은 유한 속에 살면서도 영원을 바라보는 안목을 가졌다.

성경의 인간관은 큰 영향력을 가진 다음 두 가지 인간관과 대조적이다. 첫째, 자율적인 인간관과 다르다. 근대 철학의 대표격인 칸트나 헤겔은 인간을 '스스로 규정할 수 있는 존재'로 보고 '자유'를 인간의 본질로 규정했다. 실존주의는 스스로 결단하지 않는 삶은 존재로 보지도 않는다. 이들은 실제 인간에게는 그렇지 않은 면이 있음을 간과한다. 그러나 인간은 주어진 존재다. 체질과 성격을 대부분 타고난다. 또한 인간은 관계 속에서 존재한다. 나는 한국에서 태어난 국민이며, 부모님의 아들이고 아내의 남편이며, 아이들의 아버지이자 학생들의 선생이다.

둘째, 여러 종류의 결정론적 인간관과도 다르다. 유물론자들이 말하듯 인간이 물질과의 관계 속에서 규정되는 존재라는 뜻은 더욱 아니다. 예를 들어, 마르크스가 말한 것처럼 산업과 경제 구조의 산물만은 아니다. 프로이트의 생각처럼 본능과 잠재 의식에 의해 지배되는 것도 아니다. 사회적인 관계만이 인간의 정체성을 결정한다고 주장하는 구성주의와도 다르다. 코넬리우스 플란팅가의 말처럼 인간은 유물론자나 진화론자가 말하는 것 같은 동물 수준으로 축소될 수 있는 존재가 아니다. 하지만 인본주의자들이 과장하는 것처럼 완벽한 자유를 누리면서 모든 것을 스스로 결단하는 존재도 물론 아니다. 우리의 자유나 인간성은 상대적이며 파생적이다. 모든 선한 것이 창조주 하나님의 선물이기 때문이다 (Cornelius Plantinga, Jr., *Engaging God's World*, p. 41).

달라스 윌라드는 「마음의 혁신」(*Renovation of the Heart*, 복있는사람

역간)에서 인간을 지·정·의를 갖춘, 마음과 몸뿐만 아니라 사회적 관계까지 통합하는 '인격의 중심인 영혼'으로 묘사한다. 영혼은 하나님과 이웃 그리고 사물과의 관계 속에서 산다. 그는 이를 포착하기 위해 영혼을 몸 밖에 있는 어떤 것으로 도식화한다. 윌라드에 의하면, 인간은 주어진 존재인 동시에 인격적 결단을 통해 만들어지고 혁신되는 존재다. 예를 들어 동성애 기질은 타고날 수도 있고 환경에 의해 만들어질 수도 있지만, 동성애자가 되고 안 되는 것은 의지적 결정에 달렸다. 살인이나 간음을 한 사람이 타고난 급한 성격이나 분노, 음욕, 나쁜 환경 탓을 할 수 없는 것과 마찬가지다. 인간은 모든 면에서 자유와 의지적 결단을 통해 자신이 책임질 수 있는 행위를 하기에 그의 삶은 반드시 윤리적 성격을 띤다.

:: 종교적인 존재

인간의 탁월함은 창조주 하나님과도 인격적인 결단으로 관계를 맺는다는 것에 있다. 이것이 틸리케가 말하는 하나님의 '모험'이었다. 하나님은 인간을 더불어 대화할 수 있는 '너'로 만드시고, 유일하게 인간을 향해서만 해야 할 일과 해서는 안 될 것을 말씀하신다. '우주를 돌보며 다스리라'는 적극적인 명령과 '하나님의 권위에 복종하고 순종하는 가운데 행하라'는 기준도 제시하신다.

이것이 창조에 수반된 문화 명령과 선악과 명령이다. 인간에게 주신 규범은 인격성과 자유를 기초로 한다. 인격적 의지의 자유는 인간이 참된 존재를 이룰 기반이다. 자유롭게 하나님의 뜻을 따르는 것은 생명이다. 그렇지 않을 경우, 살았으나 죽은 존재이며 나아가 죄인이요 반역자다. 이것이 소위 '행위 언약'이다. 인격과 의지 부여에는 '예'뿐 아니라 '아니오'라고 말할 가능성이 전제된다.

하나님이 피조물인 인간과 더불어 '기쁘신 뜻' 가운데 맺으신 언약은 종교적인 것이다. 하나님의 말씀에 대한 순종은 그분을 섬기는 것이기 때문이다. 절대적인 헌신과 모든 삶의 기초가 되는 언약이기 때문이다. 이 언약에 대한 순종은 삶이요, 불순종은 죽음이다. 순종과 불순종을 떠나서 인간은 어거스틴의 말처럼 하나님과의 관계 속에서만 안식을 누릴 수 있는 존재다. 신앙의 근원이라고도 할 수 있는 하나님에 대한 갈망은 인간의 본질 중의 본질이다. 칼빈은 이를 가리켜 인간의 마음속에는 "종교의 씨앗"(semen religionis)이 있다고 했다. 또 "신성의 감각"(sensus deitatis)을 타고난다 했다. 인격의 중심에는 자유로움과 하나님을 향한 영원의 감각이 들어 있다. 이렇듯 인간은 종교적인 존재로 지음 받았다.

하나님은 인간에게 의, 지식, 거룩과 같은 신적 성품의 일부를 주셨다. 인간은 이를 통해 하나님의 인격적 명령에 자유로이 순종함으로 그분과 복된 관계에 있도록 지음 받은 존재다. "하나님의 형상"(imago Dei)에는 그분과의 인격적 교제에 들어갈 가능성이 포함되어 있다. 이는 다른 피조물과의 관계에서도 부분적으로 드러난다. 예를 들어, 인간의 결혼은 짐승처럼 암수의 짝짓기 수준에 머무는 것이 아니라 인격의 결합이자 약속이다.

선악과 명령(창 2:15-17)은 사람을 지으신 것에 본래 내포되어 있던 종교 명령의 구체적 표현이라 할 수 있다. 그것은 하나님과의 관계가 유지되고 있는지를 증거하는 표지였으며, 문화 명령을 바르게 수행하기 위한 기초였다. 인간은 물질적인 조건의 충족만으로 살 수 없다. 피조물과의 관계도 생존의 필요 조건일 뿐 그것으로 충분한 것은 아니다. "사람이 떡으로만 살 것이 아니요 하나님의 입으로 나오는 모든 말씀으로 살 것이니라"(신 8:3, 마 4:4). 인간은 하나님의 말씀에 순종함으로써 산다.

결국 이토록 특권을 가진 인간의 가장 중요한 특징은 인격적 자유를 누리는 데 있다. 그렇지 않았더라면 그는 범죄할 수 없었을 것이다. 죄란 세상에 본래적으로 있던 것이 아니며 형이상학적 실재가 아니다. 그것은 하나님을 향한 반역으로 인해 세상에 들어온 윤리적인 실재다. 이제 성경이 밝혀 주는 죄악에 관한 진리가 그리스도인의 세계관 형성에 어떤 연관이 있는지 살펴보기로 하자.

제5장
악과 고통의 문제

:: 죄와 악의 미스터리

　죄와 악은 정말 이해하기 힘들다. 그 중에서도 가장 큰 미스터리는 하나님이 "좋았더라"고 하신 세상에 일어나는 각종 재해다. 2004년 12월, 동남아에서 일어난 해저 지진은 15만 명이 넘는 인명 피해를 냈다. 사람들은 이런 참사 앞에서 할 말을 잃는다. 나의 스승 니콜라스 월터스토프(Nicholas P. Wolterstorff) 박사는 촉망 받던 대학생 아들을 산악 사고로 잃었다. 그는 훌륭한 신앙인이었지만 그 당시에는 어떤 말로도 위로가 되지 않았다고 한다. 그가 쓴 「나는 사랑하는 사람을 잃었습니다」(Lament for a Son, 좋은씨앗 역간)는 애끓는 고백으로 가득하다. 악에 대한 하나님의 책임을 변호하려는 신정론(神正論)은 그다지 설득력 있어 보이지 않는다. 악의 문제는 그만큼 신학적으로나 철학적으로 난제 중의 난제다.

　전쟁과 범죄와 부패로 얼룩진 세상의 모습은 참담하다. 카뮈(Albert Camus)는 전쟁이 불합리하기에 일어난다고 했다. 아무도 그것이 일어날 수 없다고 믿기에 일어난다는 것이다. 범죄 역시 그렇다. 어떻게 사람이 그토록 어리석고 잔인하고 추한 일들을 저지를 수 있는지 이해가 되지 않는다. 대검찰청 통계에 의하면 2003년 한 해 동안 우리나라에 살인, 강도, 강간, 폭력 같은 강력 범죄만 해도 30만 건이 발생했다고 한다. 지금도 꿈을 찾아 많은 이들이 이민을 가는 미국은 사실 선진국 중에서 강력 범죄가 가장 많은 곳이다. 특히 살인은 영국보다 거의 6배나 많다. 낮은 범죄율을 자랑하는 일본에서는 범죄의 절반 가량이 20세 미만의 청소년에 의해 저질러진다고 한다. 죄악이 어른의 몫만은 아님이 분명하다.

질병 또한 파괴적이다. 나와 아내는 둘 다 중학생 시절에 각각 아버지를 잃었다. 두 분 다 중환을 오래 앓으셨던 까닭에 가정이 극도로 가난해진 것도 비슷하다. 모든 것이 잘 갖추어져 있어도 쉽지 않은 유학 시절, 우리 둘째아이는 지독한 난산 끝에 결국 대수술을 하고서야 태어났다. 옛날 같았으면 아이는 물론 엄마도 무사하지 못했을 것이다. 첫아이는 네 살 때 심장에 있는 구멍을 메우기 위해 미국과 캐나다를 오가며 두 번이나 대수술을 받아야 했다. 그러나 나는 토론토 아동 병원을 드나들면서 우리 아이와는 비교도 되지 않는 어려움 속에 놓인 아이들을 무수히 보았다. 어깨와 목 사이에 팔이 위로 뒤틀려 붙은 아이 앞에서 우리는 불평할 여지가 없었다. 이럴 때는 '어째서 이럴 수 있나' 하는 독백 외에는 별로 할 말이 없다.

성경은 세상을 낙원이라 하지 않는다. 이 세상은 실낙원(失樂園)이다. 시드니 히엘레마(Sydney J. Hielema)는 구약 성경이 인간의 죄악을 적나라하게 드러내는 것에 대해 이렇게 말했다. 성경이 만약 영화였다면 청소년 관람 불가 등급을 받을 부분이 많을 것이라고 말이다(Sydney J. Hielema, *Deepening the Colors*, p. 10). 앞에서 살펴본 창조에 대한 이해는 세상과 삶을 보는 바른 관점 형성에 필수적이다. 그러나 그것만 알고 타락에 대한 내용을 간과한다면 낙관론에 젖을 수 있다. 지금의 세상은 창조된 그대로가 아니기 때문이다. 타락 이후의 세계는 첫 창조 세계와 연속성뿐 아니라 불연속성도 가진다. 현실은 문제와 비정상적인 것들로 가득하다. 세상은 아름다운 곳이지만, 다른 한편으로는 죄와 악으로 물든 비극적인 곳이기도 하다.

타락한 세상 속에서 인간은 갖은 고통에 시달린다. 불교의 주장처럼, 태어나 병들고 늙고 죽는 것 자체가 고통이요 저주로 보인다. 전도서는 서두에 이렇게 단언한다. "헛되고 헛되며 헛되고 헛되니 모든 것이 헛되도다"(전 1:2). 시편 8편이나 19편에 등장하는 아름답고 의미 충만하며 찬양으로 가득한 세상은 간 곳이 없다. 모든 것이 권태롭고 무의미하며 고통이 가득한 세상이다. 고독 속에 던져진 삶은 공허하다. 성경은 그 점을 간과하지 않는다. 세상의 비극적 실상을 성경만큼 명백히 드러내 보이는 문헌도 드물다.

삶이 왜 비정상이며 무엇이 잘못되었는지를 아는 것은 세계를 이해하는 데 매우 중요하다. 그에 대해 어떤 관점을 가지느냐는 삶에 큰 차이를 만든다. 죄악과 고통을 이해하지 못하고는 세상을 바로 알 수 없다. 하지만 악의 문제에 대한 답은 쉽게 찾아지지 않는다. 그래서 대개는 창조와 마찬가지로 죄와 악의 근원에 대해 무지를 자처하는 경우가 많다. "전생에 무슨 죄가 있어서 이런 일을 당하나"라는 넋두리만 할 뿐이다.

불경에 이런 이야기가 나온다. 한번은 석가모니의 제자가 고뇌의 원인에 대해 스승에게 물었다. 이에 대한 답으로 주어진 것이 독화살 비유다. 독화살을 맞은 자가 '화살을 쏜 자가 누구인지, 어디서 온 것인지, 왜 쏘았는지'를 따지겠느냐는 것이다. 먼저 뽑고 살 길을 찾을 것이라 했다. 불교는 치유를 강조하지 죄의 원인을 규명하는 데는 관심이 없다. 이는 지적으로 게을러서 그런 것이 아니며, 불교만 그런 것도 아니다. 죄와 악은 죽음과 더불어 인간이 직면하는 최대의 미스터리 가운데 하나다.

:: 악은 '구조적' 결함에서 비롯되는가

세상에서는 죄와 악의 근원을 흔히 구조적인 결함에서 찾는다. 구조적 결함이란 세상과 인간성이 본래 문제가 있다고 보는 것이다. 환경과 팔자 소관, 부모와 사회를 탓하는 것이 이에 해당된다. "초등학교를 좋은 데 나오지 못해서"라는 농담도 같은 맥락이다.

앞서 언급했던 동성애 문제도 그렇다. 유전적인 것과 환경적 영향을 주요 원인으로 꼽는다. 타고났기에 어쩔 수 없지 않느냐는 논리다.

세상이 악한 것이 구조적인 결함 때문이라면 인간에게는 책임이 없다. 무엇인가 잘못되었다는 자체는 인정하지만, 그것은 오히려 보상받아야 할 일이 되기 때문이다. 예를 들어 자동차를 산 첫날부터 문제가 있다면 그것은 구조적으로 잘못된 것일 가능성이 높다. 내 친구가 그런 경험이 있었다. 미국은 소비자의 천국이라서 영수증만 있으면 모든 물건을 환불받을 수 있지만 자동차는 예외다. 그래서 그 친구는 할 수 없이 여러 차례 정비소를 드나들었고, 결국에는 '구조적으로 문제가 있다'는 진단을 받았다. 이런 경우, 차를 잘못 몰아서 생긴 문제가 아니기 때문에 소비자에겐 책임이 없다. 자동차 판매상은 책임을 인정하고 충분히 보상을 해주었다.

과연 이 세상에도 구조적인 결함이 있는 것인가. 「창조·타락·구속」(*Creation Regained*, IVP 역간)을 쓴 알베르 월터스는 "구조와 방향"(structure and direction)이라는 개념을 가지고 이 질문에 답한다. '구조'란 하나님이 세상을 만드시고 운행하시는 방식이다. '방향'이란 하나님으로부터 세상을 맡아 운영하는 인간의 태도를 말한다. 세상이 죄악에 빠진 것은 구조에 결함이 있어서가 아니다. 성경은 악이 하나님과 독립해서 존재했던 것이 아님을 분명히 보여 준다. 어려운 표현을 쓰자면, 죄와 악은 형이상학적 실체가 아니다. 악은 방향이 잘못되어 나타나는 것이다.

성경이 분명히 말하는 바로는, 악이 세상에서 모습을 드러낸 것은 근본적으로 인간의 결단에서 비롯되었다는 것이다. 타락한 천사인 사탄이 뱀을 도구로 하여 인간을 유혹한 것은 사실이다. 그러나 유혹에 빠져 악을 세상에 들인 것은 인간이다. 성경은 사탄과 그의 악함의 근원을 밝히는 데 관심을 두지 않는다. 사탄 역시 인간처럼 교만으로 타락한 존재라고 말해 줄 뿐이다. 사탄의 존재와 유혹이, 타락한 인간에게 변명의 여지가 되지 못한다.

성경은 인간이 창조주와의 언약을 깨뜨린 일을 통해 악이 세상에 들어왔다고 말한다(창 3장; 롬 5:12). 본래 선하던 세상이 악과 고통에 빠진 것은 에덴 동산에서 일어난 타락에서 비롯된다. 인간이 선악과에 관한 하나님의 금지 명령을 어겼기 때문에 일어난 일이다. 즉 타락은 인간의 종교적 반역 때문에 나타났다. 인간이 문화 명령을 수행하는 데 무능하거나 게을러서 생긴 것이 아님을 주목해야 한다. 타락은 문화 명령의 기초를 이루는 종교적 언약을 바로 지키지 못한 데서 비롯되었다.

:: 인간의 타락과 악

인간의 타락이 악의 원인이라는 관점은 성경에만 있는 특별한 진리다. 창조와 구속도 그렇지만 타락에 관한 내용은 매우 독특하다. 내가 아는 한, 어떤 종교나 철학도 악에 대해 그런 식으로 말하지 않는다. 오직 성경만이 죄와 악을 명백하게 인간의 책임으로 돌리고 있다. 타락은 본래 세상 어디에 악 또는 악의 씨앗이 있어서 일어난 것이 아니다. 성경은 결코 선과 악이 본래부터 존재했다는 이원론을 이야기하지 않는다. 악은 철저하게 후천적이다. 그것은 인간이 하나님과의 언약을 깨뜨린 순간 세상에 나타났다.

여기서 월터스의 구조와 방향 이야기를 기초로 이런 예를 들 수 있다. 어떤 아버지가 아들에게 심부름을 시키려고 자신의 자동차 열쇠를 내어주었다 하자. 아들이 가라는 곳은 가지 않고 멋대로 다니다 사고를 내어 다쳤다면 누구의 잘못인가? 창조주가 인간에게 탁월한 능력과 자유와 세상을 맡긴 것이 인간을 타락하게 만든 원인은 아니다.

아울러 죄악이 세상의 구조를 망치는 것이 아니라는 점은 이렇게 생각해 볼 수 있다. 아버지의 뜻과 무관한 방향으로 멋대로 질주한다고 자동차가 자전거로 바뀌거나 손수레가 되는 것은 아니다. 마찬가지로 동성애를 한다고 해서 타고난 성이 바뀌는 것은 아니다. 그런 척하고 행동해도 신체 구조가 변하는 것은 아니다. 죄악으로 인해 세상의 본질이 바뀌거나 다른 세상이 생기는 것이 아니다. 세상은 타락 이전에도 이후에도 단 하나다. 하나님이 지으시고 보존하시는 세상의 질서는 인간의 불순종 때문에 달라지지 않는다.

달라지는 것은 세상과 인간이 나아가는 방향 그리고 그 가운데 달라진 삶의 자세다. 성경은 분명히 창조가 선하고 온전한 것이었다고 말한다. 세상은 하나님이 보시기에 좋았다. 세상의 악은 인류의 불순종이라는 방향으로 인해 들어온 후천적이며 외래적인 것이다.

죄와 악이 본래 있었던 것이며 구조적인 것이라는 주장은 인간이 할 수 있는 최대의 변명이다. 이런 태도는 죄와 악을 정상적인 것으로 여기거나 정당화하려는 노력과 직결된다. 아담은 무엇이 잘못되었는지를 묻는 하나님 앞에서 하나님이 주신 여인을 탓했다. 여인은 다시 뱀의 사악함을 핑계로 들었다(창 3:12-13). 이러한 변명이 곧 죄와 악을 구조화하는 대표적인 예라고 할 수 있다. 이는 결국 여인과 뱀을 만드신 하나님을 죄의 원인으로 만드는 태도다.

오늘날 동성애자들이 인권을 앞세워 강력한 권리 운동을 펴는 이면에도 이와 비슷한 논리가 깔려 있다. 그들은 사회가 자신들을 선천적 장애아처럼 보호하고 도와주어야지 도외시하거나 박해해서는 안 된다고 주장한다. 이들의 문제를 이해하며 도와야 한다는 것은 옳은 주장이다. 그러나 그것을 정상시하거나 오히려 정당화하는 것은 전혀 다른 문제다. 행여 삶이 어렵더라도 "망할 놈의 세상"을 저주하는 것도 바른 자세는 아니다.

오늘날의 문화는 인간에 대한 자부심이 바닥을 친 상태다. 지난날 큰 영향력을 발휘하던 이성과 과학에 대한 신뢰가 무너졌기 때문이다. 세상을 유토피아로 만들 수 있다는 생각도 깨진 지 오래다. 과거에는 어려움을 인간의 승리의 기회로 보았다. 아무리 노력해도 해결이 되지 않으면 "인생이 그렇지, 뭐" 하며 상황을 받아들였다. 하지만 요즈음에는 태도가 크게 달라졌다. 모든 문제는 "저놈들 때문이라"고 사납게 잘못을 돌린다. 신학자 앤서니 시슬톤(Anthony Thieselton)의 포스트모더니즘의 세계관에 대한 설명 중에 나오는 말이다(Anthony Thieselton, *Interpreting God and the Postmodern Self*, p. 131). 이런 태도 역시 죄와 악을 구조화하는 또 다른 방식이다. 세상은 본래 그런 것이 아니다. 우리가 세상을 그렇게 만들었다. 죄악을 구조 탓으로 돌릴 수 없다. 그것은 인간의 윤리적 방향의 왜곡에서 비롯된 것이다.

:: 자율과 깨어진 신뢰

타락과 죄악에 대한 오해는 세상의 문제를 바로 파악하는 데 어려움을 준다. 가장 흔한 오해는 인류 또는 사회적 규범에 어긋나는 행동을 타락의 지표로 삼는 것이다. 예를 들자면 술·담배 문제나 도박 그리고 성적인 방탕을 죄악의 전형으로 간주하는 것이다. 특정한 행동이나 자세가 타락의 결과이며 표현일 수는 있다. 하지만 그것은 독감에 걸리면 열나고 기침하는 것과 같은 일종의 증상일 뿐이다. 그런 행위들이 인류의 질병인 죄, 그 자체는 아니다. 성경이 말하는 타락은 이런 행위보다 훨씬 폭넓고 근본적인 문제를 가리킨다.

성경이 말하는 죄와 타락은 실정법을 어기거나 관습을 깨뜨린 정도의 문제가 아니다. 성경은 타락이 삶의 근본과 관련되었다고 말한다. 소위 '법 없이도 살 만한 사람'도 죄인이며 악에 빠져 있다. 그들 역시 정도의 차이일 뿐, 생명의 근원에서 멀리 떨어진 삶을 살고 있다. 진리와 선과 아름다움의 기준이 되는 하나님의 법도를 벗어난 자들로 살아간다.

이 때문에 인간의 죄악은 자율(自律, autonomy)에 뿌리를 두고 있다고 말하는 것이 정확한 판단이다. 하나님은 법이다(창 2:17). 인간은 다른 피조물들과 같이 그 법 아래 순종함으로 존재한다. 물론 인간은 다른 피조물과 달리 자유 의지를 가지고 순종한다. 타락은 법 아래에 있어야 할 존재가 스스로 법의 제정자가 되기를 원한 데서 일어났다. 죄의 본질은 자율을 추구하고 주장하는 것에서 비롯된다. 이는 마음속 깊이, 인격 중심에 숨어 있는 악과 죄의 뿌리다. '죄'들은 사실 타락의 결과요 증상이다.

성경이 말하는 타락은 본래 있던 악이 싹트는 것이 아니다. 타락은 인간이 자율적 판단과 행동을 취한 데서 비롯되었다. 타락의 핵심은 하나님의 통치권을 의지적으로 거부하고 인간의 주권을 내세우는 것이다. 인간이 의지적인 결단으로 하나님을 배신하고 자신의 판단대로 살기로 결심한 것이다. 타락은 궁극적이며 절대적인 기준이 하나님에게서 인간 자신에게로 옮겨졌음을 뜻한다. 이로 인해 인간은 하나님 이외의 다른 무엇에 절대성을 부여하고 우상 숭배에 빠지게 된다. 타락은 이런 의미에서 종교적이다.

내 딸들이 나를 무시하고 늘 제 멋대로 군다면 그것이 나에게 가장 고통스러운 일이 될 것이다. 실제로는 그렇지 않아 감사하다. 하지만 불행하게도 주변에는 그런 부모도 있다. 매일같이 크고 작은 일들 때문에 속을 끓이는 부모의 모습은 정말 안타깝다. 탕자의 비유에 나오는 둘째 아들은 집을 떠나 자유를 느꼈을지 모른다. 그러나 자율은 결국 소외라는 부작용을 낳는다. 탕자는 아버지의 사랑과 보호를 저버리고 고생과 파멸을 자초했다. 그 일로 인해 겪는 슬픔은 부모가 더 크다. 그것은 부모가 겪을 수 있는 가장 큰 비극이다. 재산을 탕진한 것이 문제가 아니다. 가장 친밀하고 신뢰와 사랑이 넘쳐야 할 관계가 불신과 미움으로 변한 것이 비극이다.

인간의 자율은 바로 이처럼 생명의 근원이 되시는 하나님과의 관계를 파괴했다. 그것은 하나님이 큰 기대를 걸고 맺은 약속을 우리 인간이 깨뜨린 것에서 비롯되었다. 타락은 인격의 중심인 마음이 부패한 것이다. 인격 간의 최대의 악은 신뢰를 깨뜨려 관계를 망치는 것이다. 창조주 하나님을 신뢰하고 의지하며 순종하고 사랑하는 것이 인간의 본분이다. 그러나 인간은 자유를 오용하여 이 관계를 깨뜨렸다. 그로 인해 하나님과의 친밀감이 사라지고 인간의 마음속에는 두려움과 증오가 자리잡게 되었다.

범죄 후 아담이 하나님 앞에 나서지 못한 것은 벌거벗은 수치 때문만은 아니었다. 그는 두려웠다. 하나님과의 관계에 두려움이 생긴 것이다. 하나님을 배신하지만 인간은 그 앞에서 자신이 피조물임을 직시할 수밖에 없다. 비록 하나님을 사랑하거나 경외하지 않더라도 인간은 창조주와 동등한 지위를 주장할 수 없는 존재다. 경외와 사귐이 깨어진 하나님과의 만남에는 두려움만 남는다. 이것이 바로 인류가 하나님 앞에서 경험하는 공포와 쓴 뿌리의 원인이다.

∷ 왜 선악과를 만드셨는가: 타락은 누구의 잘못인가?

타락에 대해 가르칠 때 빠지지 않고 나오는 질문이 있다. 왜 하나님은 선악과를 만드셨느냐는 것이다. 어른들은 물론이고 심지어는 유치부 아이들에게서도 같은 질문을 받는다. 우리 딸들도 아주 어렸을 때 그런 질문을 한 적이 있다. 전능하신 하나님이라면 인간이 뻔히 그것을 먹을 줄로 아셨을 것 아니냐는 것이다. 또 인간이 선악과를 먹으려고 할 때 왜 막지 않았느냐는 의문도 제기되곤 한다. 불신자나 처음 믿는 사람들만 그러는 게 아니라 신앙 생활을 오래 한 사람들조차 눈치를 살피며 그런 질문을 하는 경우가 더러 있다.

분명한 것은 선악과는 에덴 동산의 구조적 결함이 아니라는 것이다. 선악과는 결코 인간을 악의로 시험하려는 유혹거리나 함정이 아니었다. 하나님이 실수로 만드신 것은 더욱 아니다. 선악과는 옛날 이야기에 나오는 훈장 어른이 감추어 두고 먹는 곶감이 아니다. 만약 그렇게 생각한다면, 마치 하나님이 우리에게 무엇인가를 숨기는 분이며, 우리에게 모든 것을 주신 사랑의 아버지가 아니라 우리를 적수 취급하시는 분으로 오해하게 된다.

선악과는 인간을 인간답게 만드는 데 필수적인 것이었다. 이것은 인간의 특수성과 관계가 있다. 모든 피조물 가운데 유독 인간만은 창조된 이후에도 계속 만들어져 가는 존재다. 속된 말에도 "사람이면 모두 사람인가"라는 표현이 있듯이 사람다워야 비로소 사람이 되는 것이다. 인간이 인간답게 되려면 자유 의지로 하나님의 뜻에 순종해야 한다. 선악과는 그 일을 가능하게 하는 장치 중 대표적인 것이었다. 그것은 인간이 하나님과 맺은 두 언약, 즉 창조의 언약과 종교적 언약을 실효성 있게 만드는 표지였다. 선악과에 대한 금지로 표현된 종교 언약의 핵심은 하나님의 주권에 대한 인정이다. 하나님의 주권을 인정한다면 순종할 것이고,

인정하지 않는다면 선악과를 범할 것이다. 선악과는 인간이 창조주 하나님의 주권적 명령에 대해 의지적으로 기꺼이 복종할 것인지를 보이는 기준이다.

선악과 나무가 아니더라도 반드시 다른 무엇이 그 기능을 담당했을 것이다. 선악과는 인간이 과연 피조물의 위치를 지키면서 그에게 맡겨진 능력과 권한을 사용하고자 할지를 드러내 보여 줄 기준이 된다. 선악과는 하나님과의 관계를 드러내는 상징이라는 점에서 '종교적'인 것이었다. 선악과가 에덴 생활의 중심(창 3:3)이었던 것은 이 때문이다. 동산 중앙에 위치해 있었던 이 나무는 인간이 여전히 하나님의 말씀을 진리와 생명으로 알고 지키고 있음을 보여 주는 게시판과도 같았다. 광화문 네거리 한복판에 있는, 대기 오염 정도를 표시하는 전광판을 연상해 보자. 그것은 아황산가스나 일산화탄소 같은 각종 유해 물질의 농도를 게시한다. 보통 때는 그저 상황을 보여 줄 뿐이지만 오염이 심각한 날은 다르다. 단순한 게시판이 아니라 위기를 경고해 주는 경보판으로 바뀐다.

선악과는 평소에는 모든 것이 정상임을 게시했다. 여전히 하나님에 대한 경외와 순종이 있음을 보여 준다. 본래 개수대로 달린 열매는 아담과 하와가 하나님의 뜻을 준행하며 바로 살아가고 있음을 증거하는 것이다. 그것은 그들이 의롭다는 증거였다. 그러나 처음과 달리 열매의 개수가 줄어든 날, 그것은 하나님에 대한 거역을 드러내 보여 주는 경보판이 되고 말았다. 그것은 자행된 죄와 악을 드러내는 증거였다. 하나님의 말씀을 거역하여 그 앞에서 의롭지도 떳떳하지도 못하며 숨을 수밖에 없게 되는 상황이 되었음을 광고하는 악의 나무가 된 것이다.

하나님은 죄의 '조성자'가 아니시다. 인간을 자유롭게 만드신 것은 그들을 죄악에 빠뜨리기 위해서가 아니다. 인간에게 분별력을 주셔서, 본능에 매인 닫힌 존재가 무한한 가능성에 열려 있는 존재가 되게 하신 것도 마찬가지다. 인간에게 선악과를 두고 금지하신 것도 마찬가지다. 자유와 선악과는 모두 인간의 특성이며, 인간을 '인격적인' 존재요 '너'로 대우하신 증거다. "사람이 무엇이기에 주께서 그를 알아 주시며 인생이 무엇이기에 그를 생각하시나이까"라는 시편 기자의 말처럼 이 사실은 찬양의 이유일망정 불평의 소지가 아니다.

문제는 하나님의 명백한 금지와 경고에도 불구하고 그것을 어긴 인간에게 있다. 인간이 선악과를 따먹은 후 악이 무엇인지 알게 된 것은, 그 열매에 무슨 신비한 효력이 있어서가 아니라 그것을 취하는 인간의 마음에 이미 악이 깃들었기 때문이다. 범죄로 눈이 밝아진 것이 아니라 오히려 어두워졌다. 하나님과의 관계는 깨져 버렸고, 심판과 벌이 기다리고 있었다. 계속되는 부모나 스승의 경고를 어기고 악한 결과를 맞게 되는 우둔한 자녀나 학생의 모습이 바로 그렇다. 악을 스스로 경험하여 비참한 결과 속에 고통 받으면서 비로소 그것이 잘못된 것인 줄 아는 것은 미련한 일이다. 그것 자체가 악의 한 모습이다.

∷ 성숙의 기회

누군가의 말처럼 선악과는 하나님이 인간을 성숙시키시기 위한 '무감독 시험'과 같은 것이었다. 무감독 시험의 목적은 부정 행위를 하도록 유도하거나 유혹에 빠지게 하는 데 있지 않다. 나도 모든 시험을 무감독으로 보는데, 이는 학생들에게 학과 공부뿐만 아니라 양심적인 자세를 기르도록 격려하려는 데 의의가 있다. 마찬가지로 선악과 언약도 인간이 하나님의 뜻을 존중하되 인격적인 성숙까지 갖추게 하려는 교육적인 목적이 있다.

선악과 언약은 한시적인 것이다. '한시적'이라는 말은 천국에는 그것이 없다는 사실에 근거한다. 계시록의 새 하늘과 새 땅에는 생명나무는 있지만 선악과 나무는 더 이상 보이지 않는다. 이런 의미에서 선악과는 불이나 칼과도 비슷하다고 할 수 있다. 우리는 어린아이들에게 불의 위험과 유용함을 모두 가르쳐야 하지만, 아주 어린아이라면 아예 불 가까이 오지 못하게 하고 만지지 못하게 한다. 그러다 어느 시점부터는 그 사용하는 법을 가르쳐 주어야 하는데, 불의 위험을 실감나게 가르친다고 아이를 일부러 데게 만드는 부모는 결코 없다. 불이 무엇이며 뜨겁다는 사실을 어떻게든 말로 설명하고 조심스레 다루는 법을 가르칠 것이다.

비유를 바꾸어서 성적 본능을 생각해 보자. 인간은 누구에게나 성적인 충동이 있다. 성은 하나의 인간이 완성되는 데 필수적인 것으로, 그것을 통해서 생면부지의 남남이 부모 자식 사이보다 가까운 부부 관계를 이루게 된다. 하지만 성은 때때로 괴로운 유혹의 빌미가 되기도 한다. 오늘날처럼 성적 자극이 가득한 환경에서 성적 본능을 장시간 억제하며 살아야 하는 문화도 없을 것이다. 프로이트의 말처럼 문명은 본능의 억압으로만 가능한 듯 보인다. 이런 문화 속에서 혼전 순결을 지키라고 가르치는 것은 더욱 고통을 주는 것처럼 보일 정도다. 하지만 그것은 바른 인격 성장이나 건전한 결혼 생활을 위해 필수적이다.

성욕을 절제하며 혼전 순결을 지키는 것은 오늘날과 같은 문화에서는 청년들에게 큰 도전일 수 있다. 그러나 그것은 인격 성숙을 위한 한시적인 훈련이다. 하나님은 그리스도인에게 모든 유혹이 사라진 상태에서 거룩하게 살 것을 기대하지 않으신다. 미국의 어떤 부모는 딸을 지하실에 가두어 두고 20년 이상 "순결하게" 키웠다고 한다. 그것은 정신병적인 인권 유린이다. 말씀과 법에 대한 순종은 인격적인 존재에게만 요구할 수 있다.

:: 율법의 가시적 표현

이와 같이 선악과는 사람의 온전한 자유와 그것을 행사하는 능력을 성숙하게 하는 수단이었다. 그것은 창조주 하나님이 인간을 다른 피조물과 달리 인격적으로 대하셨다는 증거다. 그것은 인간을 다른 피조물과 구분하는 선한 나무였다. 그것은 인간을 인간답게 만드는 나무였다. 선악과 언약은 자유와 본능에 대해 열려 있음을 부여받은 독특한 피조물인 인간이 하나님을 닮아 가는 과정이다.

인간은 피조물로서 하나님의 벗이 되는 놀라운 지위를 부여받은 존재다. 그러나 악에 빠진 인간은 창조주의 지위에서 궁극적인 주권자가 되기를 원하는 마음을 품고 산다. 마치 "A.I." 같은 공상 과학 영화에서나 있을 법한 일이 실제로 벌어진 것이다. 타락은 인간이 만든 슈퍼 컴퓨터가 결정 의지를 가지고 인간을 공격해 오는 가상의 시나리오와 흡사하다. 하지만 애석하게도 인간의 배신과 반역은 이미 실제로 일어났다.

선악과는 종교 언약의 가시적 표현이라는 점에서 '율법'과 성격이 같다. 선악과는 눈에 보이는 계명이다. 율법의 주된 기능은 무엇이 선이며 무엇이 악인지를 분명히 드러내 보여 주는 것이다. 율법을 지키고 그 안에서 살아가는 자에게는 하나님 앞에서 담대할 수 있다(롬 7:12). 교통질서를 잘 지키는 사람은 경찰차가 따라와도 아무런 거리낌이 없다. 술을 마시지 않은 운전자는 알코올 측정기에 대고 마음껏 숨을 불어댄다. 숨기거나 두려워할 것이 전혀 없기 때문이다.

또한 율법은 그것을 깨뜨리는 자에게 죄가 무엇인지를 뼈저리게 깨닫게 해준다. 율법이 선고하는 죄의 값은 사망이다(롬 6:23). 같은 법이지만 일단 범죄한 이후 그것은 아주 다른 영향을 행사한다. 마치 철창 사이로 죄수와 간수가 갈라 서는 것과 같다. 법을 어느 쪽에서 바라보느냐에 따라 하늘과 땅 차이다.

인간은 하나님의 명령에 불복하였고 선악과를 따먹음으로 불순종을 행동에 옮겼다. 미혹된 마음과 눈에는 선악과가 하나님의 권위와 사랑이 담긴 약속의 상징으로 보이지 않는다. 이미 그의 눈에는 그것이 자기 욕심을 이루어 줄 무엇으로 보였다. "여자가 그 나무를 본즉 먹음직도 하고 보암직도 하고 지혜롭게 할 만큼 탐스럽기도 한 나무인지라…"(창 3:6). 욕심은 죄악의 뿌리다. 그것을 통해 들어온 타락은 인격의 일부에만 관여하지 않는다. 그것은 감각적, 인식론적 요소와 윤리적 요소가 포함된 전인격적인 행위다.

인간은 감각적으로 죄악에 매료된다. 인식론적으로 하나님의 말씀이 진리임을 배격한다. 윤리적으로는 스스로 행동을 결정하여 그대로 행했다. 지, 정, 의 모두가 죄에 빠졌다. 인간은 하나님의 목적에 대항하여 무의미한 존재이기를 자처하였다. 즉 인간은 선악과를 먹는 행위로 모든 면에서 하나님과 독립된 자율적인 존재가 되는 길을 택한 것이다. 자율을 택한 인간은 이미 하나님으로부터 단절된 존재가 되었다. 생명의 근원이신 하나님과 동떨어진 죽은 존재였다.

죄악이란 그 근본에 있어서 자율이다. 하나님의 선한 선물인 자유 또는 자유 의지를 하나님의 뜻과 상관없이 멋대로 행사하는 것이 자율이다. 생명의 근원이신 하나님의 말씀으로부터 독립하여 선과 악을 판단하는 것이다. 피조물인 인간은 하나님의 법 아래 있으며, 선과 악에 대한 궁극적인 판단은 그 법에 따라서 결정되어야만 한다. 이런 점에서 코넬리우스 반틸이 말하는 "유추적 사고" 또는 "계시 의존적 사고"란 그리스도인에게 매우 중요하다. 그것이 바로 성경적인 삶을 사는 방법이자 기독교적 안목을 갖추는 길이다.

프랑스의 데카르트(Descartes)는 인본주의를 특징으로 하는 근대 철학의 아버지라 불린다. "나는 생각한다. 그러므로 나는 존재한다"(cogito ergo sum)로 요약되는 데카르트의 사상은, 인간은 스스로 생각을 통해서만 규정되는 존재라는 뜻이다. 뿐만 아니라 모든 사물의 존재도 자아의 생각에 입각해서만 확실성을 담보한다. 결국 이 말은 인간이 자율적인 존재임을 선언한 것이다. 그러나 그 이전 사람들은 다르게 생각했다. 인간은 사도 신경 첫마디처럼 '천지를 창조하신 하나님'의 피조물임을 고백함(credo)으로 존재했다. 이런 의미에서 윌리엄 템플(William Temple)이 유럽의 비극은 데카르트가 생각한 대다, 버릇대함대 고 비참한 것을 일러간다. 타락으로 인해 인간은 스스로 ███████된 존재가 되었다. 하나님의 법을 따라 살아야 할 인간이 자신의 존재와 진리를 스스로 규정하기 시작한 것이다. 특단 역시 아함병에 빠진 것으로 보인다(사 14:12-15; 눅 10:18, 요일 3:8). 성경은 그것을 자세히 설명하지 않는다. 대신 앞에서 살펴본 바대로 ██████ 를 자주하고, 그 결과가 무엇인지를 보여 주는데 초점을 맞추고 있다. 선악과와 그에 대한 명령은 인간이 하나님의 주권을 인정하며 그분을 따라 살고 있는가에 대한 지표였다. 아담과 하와에게는 충분한 ███████████████████████ 인었다.

제6장
타락의 결과

:: 자율적 존재

철학자 데카르트(Descartes)는 인본주의를 특징으로 하는 근대 철학의 아버지라 불린다. "나는 생각한다. 그러므로 나는 존재한다"(*cogito ergo sum*)로 요약되는 데카르트의 사상은 '인간은 스스로 생각을 통해서만 규정되는 존재'라는 뜻이다. 뿐만 아니라 모든 사물의 존재도 자아의 생각에 입각해서만 확실성을 담보한다. 결국 이 말은 인간이 자율적인 존재임을 선언한 것이다. 그러나 그 이전 사람들은 다르게 생각했다. 인간은 사도신경 첫마디처럼 '천지를 창조하신 하나님'의 피조물임을 고백함(*credo*)으로 존재했다. 이런 의미에서 윌리엄 템플(William Temple)이 '유럽의 비극은 데카르트가 안락의자에 앉아 깊이 생각한 데서 비롯되었다'고 비판한 것은 일리가 있다.

타락으로 인해 인간은 스스로 높아져 자율적인 존재가 되었다. 하나님의 법을 따라 살아야 할 인간이 자신의 존재와 진리를 스스로 규정하기 시작한 것이다. 사탄 역시 이 함정에 빠진 것으로 보인다(사 14:12-15; 눅 10:18; 요일 3:8). 성경은 그것을 자세히 설명하지 않는다. 대신 앞에서 살펴본 바대로 '선하게 창조된 인간이 어떻게 죄에 빠졌는가'에 관심을 집중하고 '그 결과가 무엇인지'를 보여 주는 데 초점을 맞추고 있다.

선악과와 그에 대한 명령은 인간이 하나님의 주권을 인정하며 그분을 따라 살고 있는가에 대한 지표였다. 아담과 하와에게는 충분히 옳고 그름을 분별하여 좋은 것을 택할 수 있는 능력이 있었다. 지금처럼 늘 죄악 속에서 잘못된 선택으로 기우는 본성을 타고나는 우리와는 상황이 달랐다.

그러나 사람은 선악을 스스로 판단할 수 있는 존재는 아니었다. 선악의 문제는 사탄이 되었건 뱀이 되었건 다른 누구에게 물어서 결정할 사안도 아니요, 연구 조사를 통해서 여러 의견을 비교 검토하여 결론을 낼 사안도 아니다. 그것은 오직 하나님의 말씀에 근거하여 알 수 있는 사실이었다. 참으로 믿기지 않는 일은 아담이 그런 결정을 뱀에게 의존했다는 사실이다. 마치 중대사를 놓고 밤새 고민하다 결국은 택시 기사에게 물어 결정하더라는 우스갯소리를 듣는 듯하다. 사실 아담의 행동은 그보다 더 이해할 수 없는 어리석은 행동이다.

이와 마찬가지로 인간의 정체성도 자율적으로 '생각해서' 발견할 수 있는 것이 아니다. 우리가 누구인지 아는 것은 기본적으로 '들음'에서 비롯된다. 우리가 누구인지는 부모와 선생들이 말해 준다. 살아가면서 만나는 이들이 우리가 누구인지 말해 준다. 나는 집에 들어설 때 아내가 "여보" 하고 부르는 소리에 선생 또는 목사에서 남편으로 돌아간다. "아빠"라고 부르는 딸들의 음성에 아버지로서의 존재감을 느끼게 된다. "여보"와 "아빠"는 내게 행복을 느끼게 하는 부름이다. 무엇보다 하나님 앞에서 나 자신을 돌아볼 때 나에 대해 가장 잘 알게 된다. 그래서 나는 철학을 직업으로 삼고 있지만 나 자신을 발견하기 위해 사색에 의존하지는 않는다. 거울을 들여다보며 답을 찾으려 하지 않는다. 나르시스에 버금가는 왕자 또는 공주가 아니라면 십중팔구 자기 자신에게 실망할 것이기 때문이다.

:: 전적 부패

최초의 인간은 하나님의 부르심에 응답할 때 자신이 누구인지 아는 존재였다. 그러나 그가 '하나님의 피조물'이라는 사실은 스스로 깨달은 것이 아님이 분명하다. 이는 다른 피조물과 의논하거나 비교해서 얻을 수 있는 통찰이 아니다. 이런 모든 궁극적인 문제는 계시 외에는 답을 얻을 수 없다. 하나님의 말씀을 신뢰하는 것 외에 자신이 누구인지를 아는 방법은 없다. 이것은 부모의 증언과 그들의 보호와 양육에 담긴 사랑 외에는 친부모임을 확인할 도리가 없는 것과도 같다.

마찬가지로 인간은 무엇이 선이며 악인지를 말씀에 의지하여 판단하는 것이 필요했다. 이를 '계시 의존적 사유'라고 하겠다. 이는 성경적 세계관으로 사물을 보는 것과도 통하는데, 인간이 여기서 떠난 것이 바로 악이다. 죄를 지칭하는 원어 '하말티아'(hamartia)의 의미가 그것이다.

인간의 잘못은 사탄과 뱀의 유혹에 귀를 기울인 것에서 비롯된다. 더 나아가 자기 판단에 따라 사탄의 말을 듣기로 결단하고 이를 행했다는 데 있다. 사실 아담과 하와는 에덴 동산을 지키는 자로서 이들을 퇴치하는 것이 그들의 임무였다. 그러나 불행히도 그들은 하나님의 법보다 유혹자의 말에 귀를 기울였다(창 3:5 이하; 요일 3:8). 이는 하나님과 사탄 사이에서 자율적으로 판단하는 자리에 오르겠다는 것이다. 하나님의 말씀을 의심할 뿐만 아니라 하나님의 말씀과 사탄의 말을 저울질한 것은 명백한 교만이다.

인간은 유혹에 빠져 불신앙과 교만 그리고 하나님에 대한 반역을 저질렀다. 하나님과의 관계가 '사랑과 경외'에서 '반역과 저주'의 관계로 바뀐 것이다. 이는 생명과 희락 대신 죽음과 공포가 지배하는 관계다. 거기서부터 모든 죄악과 부정적인 결과들이 비롯된다. 흔히 천진난만한 아기가 어떻게 악당으로 변하는지 의아해한다. 겉이 멀쩡한 사과 속에 벌레가 들어 있는 경우를 생각해 보면 알 수 있다. 그 벌레는 이미 꽃 속에 있던 알에서 깨어나 사과씨 주위에서 점차 밖으로 나온 것이다. 인간의 죄도 마찬가지다. 인간의 악도 인간 내면의 인격과 생각에서 자라나 말과 행동으로 나오는 것이다.

타락이란 모든 면에서 인간 스스로 판단하고 행하겠다는 비극의 시작이다. 자유를 행사하는 것이 잘못은 아니다. 그러나 그것을 하나님의 뜻과 무관하게 사용하겠다는 것, 즉 자율은 악한 것이다. 하나님은 선과 악을 인간에게 강요하지 않으시고, 그것을 사람 앞에 두셔서 그들로 하여금 스스로 택하며 살도록 하셨다. 이것은 앞서 말한 것처럼 덫이나 함정이 아니라 인격적으로 인간의 자유를 존중하시는 것이었다. 피조물이 그것을 거스려 결정하고 행동하는 것은 본래의 창조 진리와 어긋나는 것으로 하나님의 뜻이 아니다.

타락으로 인해 인간은 하나님의 명령을 의지적으로 불복종하는 방향으로 나아가게 되었고, 그리하여 자신의 모든 사고와 행위에서 하나님을 기쁘시게 할 수 있는 능력을 모두 상실하였다. 타락한 인간은 그의 핵심적 기능인 지, 정, 의가 왜곡되고 비뚤어졌다. 몸은 정욕에 사로잡혔다. 벌거벗음이 부끄럽게 느껴진 것은 그 때문이었다. 인간 관계는 불신과 남을 탓하는 태도로 파괴되었다. 모든 것이 망가져 버렸다. 신학에서는 이것을 가리켜 전적 타락, 전적 부패, 전적 무능력(total depravity)이라고 한다. 이 말은 인간이 자신의 능력을 모두 상실했다는 말이 아니라 그 능력을 바르게 행사할 수 있는 자세를 상실했다는 말이다.

데이비드 브리스(David Breese)는 「영원한 생명」(*Living For Eternity*)에서 전적 타락을 이렇게 설명했다. 우리는 아담과 하와가 본래 어떤 종류의 사람이었는지 전혀 알 방법이 없다. 예를 들어 죽지 않고 영생하는 것이 무엇인지, 고통 없는 출산이나 수고롭지 않은 노동이 무엇인지 지금으로서는 알 길이 없다. 그것은 마치 추락한 비행기의 잔해만 보고 그 비행기의 본래 모양과 기능을 알아 내려는 것과도 같다는 것이다. 특히 비행기가 무엇인지조차 알지 못하는 경우라면, 그것이 하늘을 날았다고는 상상조차 할 수 없을 것이다. 사방에 흩어진 잔해를 다 모아서 조립하면 부속물의 온전한 모습을 어렴풋이 추측해 볼 수는 있을지 모르나, 중요한 것은 그 조립품이 날 수 있는 능력을 완전히 상실했다는 점이다.

:: 의인은 없다

타락의 결과는 이토록 심각한 것이다. 아담의 범죄 후 오래지 않아 하나님이 한탄하실 정도로 죄악이 세상에 차고 넘쳤다(창 6:5). 이후 세상의 형편에 대한 성경의 진단은 단호하다. 의인은 하나도 없다는 것이다.

> 하나님이 하늘에서 인생을 굽어 살피사 지각이 있는 자와 하나님을 찾는 자가 있는가 보려 하신즉 각기 물러가 함께 더러운 자가 되고 선을 행하는 자 없으니 하나도 없도다(시 53:2-3).

신약 성경 역시 세상에 대해 같은 진단을 내린다. 의인이 없을 뿐만 아니라 하나님을 찾는 자도 없고 선을 행하는 자 역시 없다고 선언한다(롬 3:10-18). 인간이 모두 타락했다는 사실은 성경만이 주장하는 바가 아니다. 그리스의 철학자 디오게네스는 의인을 찾으러 대낮에 등불을 밝혀 들고 아테네를 누볐지만 단 한 명도 발견할 수 없었다고 했다.

그러나 성경이 타락을 한탄하는 것은 단지 죄와 악이 넘치는 현상 때문이 아니다. 타락이 중대한 문제인 까닭은, 그로 말미암아 생명의 근원인 창조주 하나님과의 관계가 단절되어 만물이 사망에 이르기 때문이다(엡 2:1; 롬 6:23).

이제 하나님이 세상을 저주하지 않으셔도 만물은 그 자체로 멸망을 향해 치닫게 되어 있다. 흔히 세상이 신의 심판으로 멸망할 것이라고 생각하는 것과 전혀 다른 관점이다. 베드로전서 3:20은 다음과 같은 표현을 사용하여 노아 홍수를 설명한다. "방주에서 물로 말미암아 구원을 얻은 자가 몇 명뿐이나 겨우 여덟 명뿐이라." 여기에 특이한 표현이 있다. "물로 말미암아 구원을 얻은"이라는 구절이다. 일반적으로 "물로부터"(from water)라고 했음직하지만 여기서는 분명히 "말미암아"(by)라고 말한다. 이 구절을 두고 해석이 분분하지만 대개 홍수를 심판보다는 구원의 도구로 삼으셨다는 뜻으로 본다. 즉 하나님이 홍수를 통해 급속도로 퍼지는 죄악을 일시적으로나마 씻어내고 일부를 건지신 것이라는 이야기다. 그렇다면 "물로 말미암은 구원"이라는 표현이 적절하다. 죄악의 원리를 따라가는 세상은 생명의 근원에서 멀어지고 악의 파괴적인 원리를 따르기 때문에 스스로 멸망한다.

이러한 사실은 오로지 성경이 가르쳐 주는 타락의 의미에 비추어 볼 때에만 이해할 수 있다. 인간이 죄와 고통 속에서 태어나고 내내 괴로움 속에 살다 죽음에 이르는 것은 타락 때문이다. 하나님과의 관계가 인간의 의지적인 반역으로 파괴되었기 때문이다. 이런 상황 속에서 사는 인간은 그 괴로움을 벗어날 수 없다.

나는 목회자가 되려는 사람은 그 누구보다도 죄와 악에 대한 철저한 이해가 있어야 한다고 강조하곤 한다. 왜냐하면 죄악과 그 비참함을 깊이 이해할수록 복음이 얼마나 귀한 것인지를 진정 깨달을 수 있기 때문이다. 죄악과 대조된 구속의 은혜에 대한 감격 없이 훌륭한 목회자가 되기는 어렵다고 본다.

:: 끈질긴 악의 뿌리

홍수 후 노아의 이야기는 마치 아담의 모습을 다시 보는 듯하다. 나무의 과실로 범죄하고 벌거벗어서 그 죄가 폭로되며 자손이 저주를 받는 것까지 거의 비슷하여 충격적이기까지 하다. 바벨탑 사건에서 인류가 보여 준 모습도 마찬가지다. 이 사건은 인간의 죄가 어떻게 개인과 공동체 속에 나타나는지를 보여 주었다. 그러므로 문화적 낙관론은 금물이다. 왜냐하면 홍수 이후, 새로운 인류의 심성에도 여전히 죄가 도사리고 있음이 분명히 엿보이기 때문이다. 죄악으로 인한 오염과 무능력은 인류 보편적인 것이다. 이러한 세상과 역사 속에서는 모두가 고통당하게 마련이다. 죄 가운데 있는 인간은 스스로 죄에 빠지고 죄로 말미암아 고통을 받고, 또 남에게 괴로움을 끼친다.

타락의 본질과 결과를 있는 그대로 보지 못한 철학이나 종교는 인생의 비참함에 대한 바른 이해에 이르지 못한다. 죄와 타락을 피상적으로 이해하거나 본래적인 부족이나 구조적인 결함에서 비롯된 것으로 생각한다. 예를 들면 마르크스주의는 잘못된 생산 수단의 소유 체제에서 악이 비롯되는 것으로 여긴다. 계몽 사상은 교육의 부재로 인한 미신과 무지가 악의 근원이라 본다. 물론 그런 요소가 없지는 않지만, 죄와 악의 뿌리는 그보다 훨씬 깊다. 이런 문제들은 증상에 불과할 뿐 그 원인은 인간의 타락이라는 뿌리에서 비롯된다.

타락의 본질을 제대로 이해하지 못할 때 그에 대한 대책도 잘못되기 쉽다. 흔히들 인생이 원래 그런 것이라는 둥 삶이 고뇌이며 인간이 별 수 있냐는 둥 하는 체념에 빠지게 된다. 또는 혁명이나 개혁의 노력을 통해 문제가 해결될 수 있을 것이라는 낙관론이 나오기도 한다. 모두 타락을 성경의 관점으로 이해하지 못하기 때문이다.

성경의 진리가 결여된 인간에게는 존재의 근원이 미궁에 빠지듯 죄와 악의 문제도 도무지 알 수가 없는 일이다. 오직 성경이 보여 주는 타락의 원인과 결과에 관한 사실만이 죄악의 문제에 대한 우리의 안목을 밝혀 주며 바른 진단을 가능하게 한다. 이것이 중요한 이유는, 제대로 진단을 하지 못하면 결단코 올바른 치유를 기대할 수 없기 때문이다.

타락한 세상 속에 사는 우리는 악을 체험하는 동시에 죄악의 권세로부터 세상을 보존하시는 하나님의 사랑을 힘입어 살아간다. 욥이 복과 재앙의 근원을 모두 하나님께 돌리면서도 여전히 신실할 수 있었던 이유가 여기에 있다. 성경이 말하는 하나님은 복의 근원이실 뿐 아니라 만물과 만사를 주관하시는 주님이시다. 그분은 고난이나 재앙과도 무관하시지 않고, 그에 대해 무력하시지도 않다. 죄와 타락의 주제는 결코 이원론을 만들어 내지 않는다. 그것은 선한 창조가 왜곡된 상태이며 일종의 질병이다.

성도들 역시 죄악과 그로 인한 세상의 재난에서 면제되어 있지 않으므로 욥처럼 갈등하기도 한다. 하지만 그 해결과 신앙의 승리 역시 하나님의 주권에 대한 의식에서 비롯된다. 원인을 알 수 없는 재난 속에 몸부림치던 욥은 하나님께 의문을 던지지만 하나님은 그 질문에 직접 답하시지 않는다. 오히려 욥의 이해의 한계를 지적하실 뿐이다. 그 말씀 앞에서 욥은 악의 문제를 보는 안목을 수정하게 되는데, 그것이 바로 유일한 해결책이었다. 욥은 그것으로 충분했다. 그것은 이 세상 그 어디서도 들을 수 없는 해답이었다.

:: 타락의 우주적 영향

인간의 타락은 세상의 역사와 문화 전체에 근본적인 영향을 미쳐서(창 4:16-25) 인간 사회를 넘어 자연 만물에도 그 해가 미친다. 인간의 죄성과 타락한 심성이 그가 맡아 다스리는 모든 만물 속에 드러나기 때문이다. 도예베르트는 이를 타락의 "우주적 영향"(cosmic effects)이라고 불렀다. 월터스는 타락이 단지 아담과 하와 개인의 범죄가 아니라 "창조계 전체의 대재난"이었음을 성경은 명백히 보여 준다고 했다. 창조주는 범죄의 당사자인 인간과 뱀뿐 아니라 세상 만물이 "너로 인해 저주받을" 것이라고 하셨다.

인간 피차간의 관계가 힘들게 되었다. 노동 역시 성취의 기쁨을 상실한 고역이 되었다. 땅은 가시덤불과 엉겅퀴를 내어 힘든 삶을 더욱 고통스럽게 할 것이었다. 출산의 기쁨에 앞서 산고가 따를 것이었다. 이런 어려움은 정신적이며 문화적인 영역으로 확대되어 간다. 19세기 말 영국 인문학의 대가인 매튜 아놀드(Matthew Arnold)는 문화를 인류가 성취한 가장 고상한 사고의 산물이라 했다. 하지만 오늘날 저속하고 퇴폐적인 영화나 가요들이 얼마나 많은가. 최고의 찬사를 받는 과학과 기술 혁신도 대량 살상 무기를 만드는 데 전용(轉用)되기 십상이다. 누군가의 말처럼 아마도 비행기가 그토록 빠르게 발전한 것은 전쟁 때문일 것이다. 세상이 탁월하다 하는 모든 것이 "허무한 데 굴복하는" 모습은 참담할 뿐이다. 코넬리우스 플란팅가의 말처럼, 인간이 문화를 형성하지만 동시에 문화가 인성을 형성하기에 이런 일은 더욱 심화된다(Cornelius Plantinga, Jr., *Engaging God's World*, p. 57).

홍수 이후에도 문화가 계속되면서 악의 뿌리도 활동을 재개한 것이다. '발전'과 '진화'가 반드시 좋은 것만은 아니다. 그것은 가인이 아벨을 죽이고 도망해 살게 된 "에덴 동편"의 모습에서 분명히 드러난다. 그는 안전을 위해 성을 쌓았고, 그의 후손들은 목축과 음악과 철공 기술을 발전시켰다. 무엇보다도 가장 두드러진 이야기는 두 아내를 둔 라멕이 부른 '살인자의 노래'다. 거기서 더 동편으로 나아간 노아의 자손들은 바벨탑을 쌓았다. 이처럼 고도로 발전한 문화가 하나님 보시기에 더 악한 경우도 허다하다. 오늘날에는 과학 기술로 인한 환경의 파괴가 대표적이다.

콜럼버스는 아메리카 대륙에 첫발을 내디디면서 그 땅을 "인간의 손이 닿지 않은 태고의 자연"이라 했다 한다. 어떤 환경주의자는 그 말이야말로 아메리카 대륙에 살았던 인디언에 대한 극찬이라고 했다. 왜냐하면 그들은 거기서 수천 년을 살았으나 태고의 자연을 보존하고 있었기 때문이다. 유럽인들이 도착하고 불과 500년 사이에 그 땅은 어떻게 변했는가. 온갖 환경 공해에 시달리게 된 것은 분명 과거와 대조적이라 할 수 있다.

문화의 대행자인 인간의 타락은 문화의 방향에 이상(perversion)을 가져왔다. 그리고 이것은 우주에 악영향을 끼친다. 이런 세상 속에서는 인간뿐 아니라 모든 피조물이 죄 아래서 신음하게 된다. 그리하여 바울의 말처럼 피조물들은 탄식하며 해방을 기다리고 있다(롬 8:19-23). 어떤 환경주의자는 들을 귀만 있다면 자연 만물이 신음하는 소리를 들을 수 있다고 주장한다. 실제로 아메리카 인디언들은 자연이 고통하는 소리를 듣는다고 한다. 그리고 그들은 인디언들의 말을 들을 귀가 없는 백인들이 자연의 소리를 들을 수 없는 것은 당연하다고 불평한다.

만물은 이런 고통 속에서 탄식하며 회복을 기다린다. 만물은 또한 타락의 악영향을 증거한다. 하나님의 영광은 "썩어질 사람과 금수와 버러지 형상의 우상"으로 대체된다. 인간은 문화 활동을 통해 헛된 우상을 섬긴다. 궁극적으로는 하나님을 반역한 자기 자신을 섬긴다. 여기서 타락은 곧 우상 숭배라는 등식이 성립됨을 알 수 있다. 피조물을 바로 사용하는 대신 남용하고 악용한다. '의인'이라 일컬어지던 노아의 포도주 남용이 그 자식의 실수와 저주로 이어지는 사건이 일어난다. 그 때 만약 술이 말을 할 수 있었다면 아마도 자신이 남용되는 것을 한탄했을 것이다.

:: 창조의 왜곡

하지만 타락은 세상을 즉각적인 심판과 종말로 몰아간 것은 아니었다. 물론 타락은 창조 계획에 매우 근본적이며 치명적인 타격을 가져왔으나, 창조를 통해 나타내신 하나님의 뜻과 비전을 무효화시키지는 못했다. 타락의 본질은 종교적이다. 형이상학적이며 존재론적이기보다는 윤리적이다. 타락으로 인해 인간이 인간 이하로 떨어진 것은 아니어서 그의 눈과 손은 여전히 제기능을 했다. 하지만 사람들의 행위는 더 이상 하나님을 기쁘시게 하지 못하고 오히려 하나님을 근심하게 하고 슬프게 만들었다. 이처럼 타락은 하나님과의 관계와 삶의 방향에 왜곡을 불러일으켰다. 타락은 선한 것을 망쳐 놓는 원리다. 그것은 구조적인 변질을 가져오지 않으나 선한 구조에 기생하면서 원래의 목적을 비틀고 왜곡한다.

플란팅가의 지적처럼 거짓말은 대개 90퍼센트 정도는 진실로 구성되어 있어 설득력이 있다. 살인자는 남을 해할 만큼 건강해서 살인을 저지를 수 있다. 이처럼 악은 선을 "비틀고, 오염시키고, 토막낸다"(*Engaging God's World*, p. 52). 죄악은 사실 선한 창조의 구조와 그 능력 때문에 가능하다. 매춘이나 동성애로 인해 성적 정체성이 바뀌는 것이 아니다. 그러나 악한 사용에도 불구하고 성적 매력은 유지된다. 그래서 성의 오용이 가능한 것이다. 만약 죄가 존재론적 변화를 즉각적으로 가져왔다면 더 이상의 범죄는 가능하지 않다.

타락한 자율성은 즉시 지, 정, 의 모든 면에 나타난다(창 3:6). 선악과를 따먹기로 마음 먹은 인간에게 선악과는 "먹음직도 하고 보암직도 하고 지혜롭게 할 만큼 탐스럽게" 보였다. 인격의 중심인 마음이 움직이면 인간의 다른 기능은 그 뒤를 따른다. 이런 사실은 흔히 자율적인 판단의 기초라고 생각하는 이성이 궁극적인 출발점이거나 토대가 아님을 보여 준다. 즉 죄악은 하나님이 은혜로 주신 선물을 그의 뜻과 무관하게 멋대로 악용함을 통해서만 일어난다. 즉 죄악은 타락 이후에도 창조의 질서와 구조가 여전히 변하지 않고 유지되기에 가능하다.

더욱이 타락의 원리는 유전된다. 인류의 대표로서 아담이 지은 죄는 인류 모두에게 전가된다(롬 5:12). 하나님은 죄와 악을 벌하신다(창 3:14-19). 이로 인해 삶 자체가 파괴되고 고난을 겪게 된 것이다. 아담은 930세를 향수하면서(창 5:5) 평생토록 자신이 저지른 죄악의 결과들을 목도하였다. 그의 아들들 사이에서 일어난 살인은 치명적이었으나 그것은 시작에 불과했다. 가인의 자손 라멕의 살인은 냉혈한 같은 도살이었다. 이처럼 인류의 역사는 원죄가 얼마나 심각한지 예시한다.

:: 일반 은총

감사한 것은, 하나님이 인간의 죄악된 행위로 인해 창조가 완전히 파괴되는 것을 방치하지 않으신다는 사실이다. 타락은 멸망의 시작이었다. 그러나 타락한 세상이 곧장 파멸과 죽음으로 치닫지 않는 것은 하나님의 은혜로운 간섭이 있기 때문이다. 물론 하나님은 인간의 죄악을 벌하고 자의적인 행위를 제어하기 위하여 죽음, 에덴에서의 추방, 노동의 고통, 해산의 고통, 땅의 엉겅퀴 등 여러 가지 '저주'를 내리셨다. 그러나 인간에게 주셨던 문화 명령이 취소되거나 완전히 상실된 것은 아니었다. 타락 이후 하나님의 이러한 일련의 조치들은 인간이 극단적인 타락과 자멸적 파괴로 치닫지 못하게 하시는 하나님의 간섭이라 할 수 있다. 그래서 어떤 신학자는 창세기 3장 전체를 타락과 죄에 대한 기록으로 보기를 거부하고 '즉각적인 치유의 은총'의 기록으로 본다.

이러한 하나님의 결정은 타락으로 인한 인간의 죄악된 방향성에도 불구하고 주어지는 하나님의 은총이다. 이 은총은 인간으로 하여금 그 죄악된 방향을 돌이켜 하나님을 향하게 하는 것이 아니다. 카이퍼는 이러한 점에 주목하여 이것을 칼빈의 용어를 빌려 "일반 은총"(common grace)이라 부르고, 구속하는 은총인 "특수 은총"(special grace)과 구별했다.

몇 년 전 학생들이 내게 "아침에 주의 인자하심을"이라는 긴 별명을 붙여 주었다. 그것은 내가 시편 92:2을 가사로 만든 찬양을 좋아해서였다. 나는 "좋은 씨앗" 이유정 씨의 찬양을 아침 첫 수업 시작하기 전에 같이 부르곤 했다. 학생들은 내가 찬송을 하자고 하면 시도 때도 없이 그것을 부르자며 웃곤 했다. 누가 무어라 해도 좋다. 그 얼마나 귀한 찬양인가? 아침에 출근하면서 혼자 부르기도 한다. "아침에 주의 인자하심을 나타내시며 밤마다 주의 성실하심을 베풂이 좋으니이다." 아침에 베푸시는 주의 인자는 햇살을 타고 온 세상에 퍼진다. 밤마다 안식을 주시는 주의 성실하심은 세상이 안정적으로 굴러가는 원동력이다. 타락한 세상에 이처럼 주의 인자와 성실이 부어지는 것을 일반 은총이라고 부른다.

하나님은 타락으로 인해 멸망을 향해 가는 세상을 일반 은총으로 보존하신다. 창세기 3장은 흔히 죄악장으로 불린다. 하지만 그 장조차도 후반부에는 하나님의 즉각적인 개입과 은총의 서곡으로 장식되어 있다. 그래서 카이퍼는 문화가 가능한 이유가 일반 은총 때문이라고 지적하였다. 물론 이에 대한 반박도 있다. 하지만 분명한 것은 노아의 경우처럼 멸망할 세상을 "물로 말미암아" 건지시는 것과 같은 일을 그분이 지금까지 계속 하시고 있다는 사실이다(벧전 3:20).

개혁주의자들은 이러한 하나님의 역사를 일찍부터 감지하고 있었다. 이미 칼빈에게는 '구원하지는 않으나 보존하는 은총'에 대한 이해가 있었다. 만일 일반 은총을 통해서 문화가 보존되고 유지된다면 카이퍼의 말처럼 문화는 대립이 유지되는 장이다. 거기서 우리는 세상의 문화를 채용하거나 활용하는 것을 넘어서 구속과 회복에 힘쓰고 변혁으로 나아가야 한다. 홍수로 세상을 구속하고 정화하듯 말이다.

인간에게 부어 주신 구조적 능력들과 그것을 사용하여 일하라는 문화 명령이 타락 이후에도 존속되고 있다. 이 사실은 문화 명령과 연계된 번영의 축복이, 홍수 후 노아의 자손에게 문자 그대로 다시 주어졌다는 사실에서 확인된다. "하나님이 노아와 그 아들들에게 복을 주시며 그들에게 이르시되 생육하고 번성하며 땅에 충만하라"(창 9:1, 7).

그에 앞서 8:21-22에서는 인간이 악함에도 불구하고 우주의 질서가 계속 유지될 것이라는 약속이 있다. 즉 땅이 있을 동안 그 질서가 지속될 것이라는 말씀이다. 나아가 다시는 홍수를 통해 세상을 그처럼 멸망시키지 않으실 것을 무지개로 약속하셨다. 환경 파괴로 인해 이상 기후가 맹위를 떨치는 가운데서도 봄, 여름, 가을, 겨울의 순환이 한치의 착오도 없이 찾아오는 것은 창조주의 신실하심 때문이다. 자연 재해의 대부분이 인재(人災)라는 사실은 잘 알려져 있다.

일반 은총에 대한 또 다른 증거는, 홍수 후 인류에게 다시금 창조의 문화 명령을 확인하신 하나님의 모습이다. 또 악인과 선인에게 해와 비를 공히 내리시는 하나님의 은총(마 5:45; 행 14:17)도 자주 언급된다. 그 외에도 자연법이나 가정과 국가의 법 제도 등과 같은 것을 통해서 인류의 존속과 안정이 유지된다. 타락의 파괴적인 원리에도 불구하고 오늘까지 역사와 문화가 유지되는 것은 오직 하나님의 은혜다.

사실 개혁주의 신학자들과 사상가들 사이에는 이를 일반 은총이라 부르는 것에 대해 반대 의견을 가진 이들이 없는 것은 아니다. 스킬더나 반틸이 대표적이다. 칼 바르트(Karl Barth)도 그것을 반대한다. 도예베르트처럼 그것을 구속의 은총이 인간을 구속하는 것을 넘어서 구속된 인간의 행위를 통해서 우주 만물에 미치는 영향으로 설명하는 경우도 있다. 하지만 그것을 굳이 '일반' 은총으로 분류하거나 반대하는 것이 중요한 문제는 아니다. 어쨌건 하나님의 은혜가 아니면 타락한 세상 속에 이런 긍정적인 발전은 있을 수 없기 때문이다. 인간의 죄악에도 불구하고 삶이 가능하고 문화가 계속되어 온 것은, 하나님께만 감사하고 그에게만 영광이 돌아가야 할 일이다.

부끄럽지만 내게도 살 소망이 없던 시기가 있었다. 철이 들면서 유년기의 신앙이 흔들린 것이었다. 세상에 기쁜 일도 하나 없고, 도무지 잘되는 일도 없어 보였다. 청년기의 성적 유혹과 부진한 학업 성적도 내게 절망을 안겨 주었다. 가난과 장래에 대한 불안. 험악하게만 보이는 세상, 불의한 사회 현실, 어디를 봐도 도무지 희망이 없어 보였다. 살수록 죄만 더한다는 생각도 들었다. 내 내면을 살펴볼수록 신하게 살 자신이 없었기 때문에 하나님만 생각하면 두렵고 머리가 아팠다. 차라리 하나님이 안 계시다는 확신이 들면 얼마나 좋을까 생각하기도 했다. 그러면 하고 싶은 대로 하다 죽으면 그만일 테니까. 이 세상에는 과연 살 소망이 있는가.

살고 싶다. 죄와 악 그리고 타락에 깊이 젖을수록 세상과 삶은 암울하게 보인다.

세상은 오히려 아무런 의미와 소망이 없는 곳이 되었다. 조금이라도 진지한 사람은 세상과 삶이 고난과 고통으로 가득한 것을 직시한다. 삶에 무슨 소망이 있는지를 물을 수밖에 없다. 달라스 윌라드의 말처럼 차라리 세상에 대한 진실한 이해가 없는 것이 다행일지도 모른다.

특히 자신의 무력한 모습은 우리를 절망케 한다.

그러나 이런 상황은 오히려 사람들로 하여금 구원을 갈망하게 만든다. 인류의 삶은 항상 어려웠으나 어느 시대나 희망을 귀중한 가치로 여겨 왔다.

제7장
세상의 소망

:: 소망의 근원

부끄럽지만 내게도 살 소망이 없던 시기가 있었다. 철이 들면서 유년기의 신앙이 흔들린 것이었다. 세상에 기쁜 일도 하나 없고, 도무지 잘되는 일도 없어 보였다. 청년기의 성적 유혹과 부진한 학업 성적도 내게 절망을 안겨 주었다. 가난과 장래에 대한 불안, 험악하게만 보이는 세상, 불의한 사회 현실, 어디를 봐도 도무지 희망이 없어 보였다. 살수록 죄만 더한다는 생각도 들었다. 내 내면을 살펴볼수록 선하게 살 자신이 없었기 때문에 하나님만 생각하면 두렵고 머리가 아팠다. 차라리 하나님이 안 계시다는 확신이 들면 얼마나 좋을까 생각하기도 했다. 그러면 하고 싶은 대로 하다 죽으면 그만일 테니까.

이 세상에는 과연 살 소망이 있는가. 사람들은 어떤 희망을 품고 살아가는가. 죄와 악 그리고 타락에 대한 이해가 깊을수록 세상과 삶은 암울하게 보인다. 인간이 하나님처럼 살려던 세상은 오히려 아무런 의미와 소망이 없는 곳이 되었다. 조금이라도 진지한 사람은 세상과 삶이 고난과 고통으로 가득한 것을 직시한다. 여기에 무슨 소망이 있는지를 물을 수밖에 없다. 달라스 윌라드의 말처럼 차라리 세상에 대한 진실한 이해가 없는 것이 다행일지도 모른다. 특히 자신의 추악한 모습은 우리를 절망케 한다.

그러나 이런 상황은 오히려 사람들로 하여금 구원을 갈망하게 만든다. 인류의 삶은 항상 어려웠으나 어느 시대나 희망을 귀중한 가치로 여겨 왔다. 전쟁이나 자연 재해 같은 극한 상황에 처할수록 좀더 나은 내일을 꿈꾸는 특이한 존재가 바로 인간이다. 심지어는 죽음에 직면해서도 그 너머의 세계를 바라보는 것이 인간의 특징이다. 영생과 사후 세계에 대한 소망은 모든 문화에 공통적이어서 어느 시대, 어떤 문화에서건 이런 소망을 엿볼 수 있다.

인간은 누구나 무엇인가에 소망을 두고 그것을 바라며 살아간다. 모든 소망은 '영원을 사모하는 마음'에 그 뿌리를 두고 있다. 그 비전이 언젠가 갑자기 빛을 잃거나 바래고 말 우상의 빛이냐는 문제는 덮어 두고 말이다.

그러나 오늘날에는 그나마 실낱 같은 희망마저 저버리는 분위기가 팽배하다. 인간이 애써 건설해 보고자 했던 이상향이 불가능한 것으로 입증되었기 때문이다. 알베르트 카뮈의 「페스트」(*La Peste*)는 제2차 세계 대전 이후 최고의 소설로 평가되는데, 세상은 이유를 알 수 없는 재난에 갇혀 집단적 죽음을 기다리는 도시에 비유되고 있다. 소설가 김은국도 「순교자」에서 한국 전쟁을 배경으로 이와 유사한 광경을 연출해 한국인들과 미국인들의 공감을 샀다.

오늘날에는 그런 작품들이 더욱 넘쳐난다. 이런 작가들의 시각에는 소망이 없다. 소망을 가져 보려는 몸부림조차 철저히 부조리한 것으로 치부된다. 사무엘 베케트(Samuel Beckett)는 「고도를 기다리며」(*En Attendant Godot*)에서 인생을 오지 않는 구원을 무작정 기다리는 슬픈 코미디로 그리고 있다. 엔도 슈사꾸는 신의 "침묵" 앞에서 절망하는 인간의 모습을 보여 주었다. 롤랑 조페(Roland Joffe)의 "킬링필드"(The Killing Fields), 프란시스 코폴라(Francis F. Coppola)의 "지옥의 묵시록"

(Apocalypse Now), 올리버 스톤(Oliver Stone)의 "플래툰"(Platoon) 같은 영화들도 이런 현실을 생생하게 고발했다.

오늘날 세상은 이전보다 더 어둡고 허무한 곳이 되었다. 의미를 알기 어려운 세상 속에서 우연히 죄악 중에 잉태되고 고통 중에 살다가 허무하게 죽는 것이 전부인 것처럼 보인다. 이에 대한 유일한 탈출구가 있다면, 상황을 회피하기보다 진실하게 직면하는 용기를 갖는 데 있다. 허망하고 근거 없는 신화를 거부하고, 행복한 결말을 파는 영화나 드라마와는 다른 현실을 기꺼이 직면하는 용기와 자부심 말이다. 그러나 이 역시 전도서 첫마디의 선고처럼 모두 헛될 뿐이다. 그러한 자부심이 세상과 삶의 의미에 관한 근본적 의문을 해결하지 못하기 때문이다. 이 세상은 과연 어떤 의미가 있는가. 사람들은 허무와 죄악에 시달리면서 진정 하나님이 계시느냐고 묻는다. 만약 계신다면, 이런 상황에 대해 무엇을 하고 계시느냐고 절규한다.

구원에 관한 성경의 진리는 이런 질문들에 답을 준다. 그 진리는 죄악으로 고통 받는 세상에 소망이 있다고 말해 준다. 히브리서에 열거된 신앙인들의 모습이 그 증거다. 그들은 하나님의 사랑과 구원의 역사에 소망을 두고 살았다. 이 세상에는 예수 그리스도를 통해 베푸시는 하나님의 사랑 때문에 소망이 있다. 이제는 그 진리가 세계를 어떤 빛 아래서 보게 하며 어떤 안목을 가지게 하는지를 생각해 볼 차례다.

:: 원복음

성경은 하나님이 세상이 죄악으로 자멸하도록 그대로 버려두지 않으신다는 사실을 명확히 보여 준다. 소위 "일반 은총" 외에도 하나님은 구체적으로 죄악으로 어두워진 세상에 개입하신다. 그것도 타락 후 즉각적으로 그렇게 하셨다. 하나님은 카뮈나 김은국이 말하듯 세상의 죄악과 비참을 외면하거나 그에 대해 침묵하시는 분이 아니다. 프란시스 쉐퍼(Francis A. Schaeffer)의 말처럼 "거기 계시며 말씀하시는" 분이실 뿐 아니라 거기에 몸소 임하셨다.

하나님의 자비는 타락의 현장에서부터 분명히 드러난다. 창세기가 타락에 대해 말하는 부분을 주목해 보자. 인간이 범죄한 그 날도 여느 날과 마찬가지로 날이 서늘해질 즈음 하나님은 동산에 오셨다. 타락이라는 엄청난 사고가 일어났지만 그 현장을 기습하지는 않으셨다. 평소 인간과 함께 동산을 거닐던 시간까지 기다리신 것이다. 그것도 먼저 기척을 내시고 동산에 오셨다.

죄에 빠진 인간은 두려워 숨었다. 하나님은 "아담아, 네가 어디 있느냐"고 물으신다. 이는 죄인에 대한 힐문이 아니라 회개와 구원으로의 초청이다. 성경에는 하나님이 사람들에게 그들의 현 위치를 돌아보도록 그렇게 부르시는 경우가 더러 있다. 그리고 이들의 변명을 인내하며 들으시고, 그들의 모순을 깨우쳐 주시며 벌을 내리신다. 이들은 에덴에서 쫓겨나고 죽음을 맛볼 것이며, 땅은 이들로 인해 저주를 받았다.

그러나 바로 그 이야기 후반에 들어서면 은총을 만나게 된다. 하나님은 동산에서 쫓겨나 가시덤불과 엉겅퀴가 있는 곳으로 나아가는 인간에게 새 옷을 입혀 주셨다. 벌거벗은 수치를 가리기 위해 인간 스스로 만들어 입었던 무화과나무 잎새를 대신하여 가죽옷을 지어 입히신 것이다. 가죽은 짐승을 죽여야 얻을 수 있는 것이다. 따라서 죄 없는 짐승이 인간의 수치와 연약을 가리고 보호하기 위해 피 흘리고 죽은 것이다. 어떤 신학자는 이것이 피 흘리는 제사의 시발점이라고 지적했는데, 거기에는 이미 대속과 제사의 개념이 담겨 있다. 피 흘림을 통해 주어지는 사죄(히 9:22)가 실물로 드러난 것이다.

이러한 조처들은 하나님이 죄악에 빠진 인간을 향해 은혜를 베푸시는 증거다. 그러나 최대의 은총은 타락의 비참함과 죄악을 궁극적으로 극복할 구원자 메시아에 관한 약속이다. 그 소망의 메시지는 다음과 같이 기록되어 있다.

> 내가 너로 여자와 원수가 되게 하고 너의 후손도 여자의 후손과 원수가 되게 하리니 여자의 후손은 네 머리를 상하게 할 것이요 너는 그 발꿈치를 상하게 할 것이니라(창 3:15).

이 말씀이 뱀 곧 사탄을 벌하시는 선고 가운데 나온다는 점을 주목할 필요가 있다. 하나님은 죄와 악을 향해 전쟁을 선포하신 것이다. 신학자들은 이를 '원(源)복음' 또는 '최초의 복음'이라고 부른다. 물론 이는 훗날 이사야 선지자가 선포한 분명한 메시아 예언에 비하면 그 뜻을 명확하게 파악하기 어려운 매우 어렴풋한 말씀이다. 하지만 그 선포된 약속은 분명하다. 훨씬 뒤에 주어진 이사야의 예언과 동일한 내용이다.

> 보라 처녀가 잉태하여 아들을 낳을 것이요 그 이름을 임마누엘이라 하리라(사 7:14).

> 이는 한 아기가 우리에게 났고 한 아들을 우리에게 주신 바 되었는데 그 어깨에는 정사를 메었고 그 이름은 기묘자라, 모사라, 전능하신 하나님이라, 영존하시는 아버지라, 평강의 왕이라 할 것임이라. 그 정사와 평강의 더함이 무궁하며 또 다윗의 위에 앉아서 그 나라를 굳게 세우고 지금 이후 영원토록 공평과 정의로 그것을 보존하실 것이라. 만군의 여호와의 열심이 이를 이루시리라(사 9:6-7).

창세기 예언의 핵심은 "여자의 후손"이 "뱀의 후손"의 머리를 부수리라는 것이었다. 여자의 후손은 예수 그리스도에 대한 최초의 명칭이다. 임마누엘과 메시아, 평강의 왕, 인자 등의 이름이 그에 뒤따라 나왔다. 이 약속 이후로 여자의 후손은 인류의 소망이 되었다.

:: 최악의 대안

히엘레마는 인간의 타락에 대처하신 하나님의 방식은 정말 예상 밖이라고 했다. 만약 우리라면 어떻게 했을지 상상해 보자. "기회를 한번 더 줄테니 잘해 볼 수 있겠지?" 또는 "창조 실험은 실패로 돌아갔어. 다 집어치우자구." 아니면 "처음 하는 일이라 잘못되었으니 모조리 걷어치우고 새로 시작해 보자." 이런 시나리오도 가능하다. "모두가 저 뱀 탓이다. 저 놈만 없애고 너희에게 새로 기회를 주겠다." "그래, 멋대로 하겠다는 거지. 잘해 보라구. 나는 상관하지 않을 테니." 이런 상상은 어디까지나 상상일 뿐, 어느 것도 하나님의 성품에 부합하지 않으며 따라서 가능하지 않은 일이다. 그러나 이런 상상을 통해 발견할 수 있는 것은, 하나님이 가장 힘든 선택을 하셨다는 사실이다. 어쩌면 구속의 계획은 최악의 대안일 수 있다. 그분은 상상할 수 있는 가장 어려운 방법으로 타락한 세상을 회복시키기로 하셨다.

여자의 후손을 통해 뱀의 머리를 부수는 일이란 죄악에 빠진 인류를 통해서 사탄의 권세를 깨뜨리는 것이다. 하나님은 인간을 창조의 동역자로 만드셨기 때문에 이제는 망가진 세상을 회복하시는 일에도 동참시키시겠다는 것이다. 그것도 일을 이 지경으로 망쳐 놓은 장본인에게 말이다. 이러한 히엘레마의 설명은 다소 어색한 부분은 있으나, 그 중심 진리만큼은 명백히 성경의 가르침을 잘 설명하고 있다.

히엘레마의 마지막 예는 더욱 흥미롭다. 이런 하나님의 구속 계획은 마치 산산조각 난 자동차를 복원하려는 제작자의 계획과도 같다는 것이다. 어떤 재산가가 무한정의 예산을 들여 최고급 경주용 자동차를 개발하기로 했다고 가정하자. 그리고 그 일을 내게 맡겼다고 가정하자. 이제 막 그 차가 완성되었다. 그것은 정말 흠잡을 데 없는 차였다. 그런데 내가 순간적인 충동에 못 이겨 허락도 없이 그 차를 몰다가 사고를 내어 차가 완전히 망가졌다고 하자. 그 후원자가 사고 현장에 와서 모든 피해 상황을 살피고 보상을 한 뒤 이렇게 말하는 것이다. "다시 공장으로 끌고 가자. 이 잔해를 가지고 사고 이전보다 훨씬 더 좋은 차로 고치는 거야. 필요한 것은 뭐든지 내가 감당하지"(Sydney J. Hielema, *Deepening the Colors*, pp. 9-10).

옆에서 이를 지켜 보던 사람들이 이구동성으로 말한다. "새 차와 새 운전자로 시작해야 해요." 그러나 그 후원자는 완전히 망가진 자동차와 어리석은 운전자를 여전히 붙들고 복원 작업에 들어간다. 이것이 바로 하나님의 신실하심이다. 이 복원 계획은 수천 년이 걸렸다. 그 동안 어리석은 복원 파트너는 저지를 수 있는 모든 죄악을 저질러 왔다. 과연 히엘레마의 표현처럼 구속 계획은 최악의 대안처럼 보인다. 히엘레마의 말은 거기서 끝난다. 하지만 우리가 잊지 말아야 할 가장 중요한 것은, 그 계획을 수행하기 위해 필요한 것이 후원자 아들의 생명이었다는 사실이다. 하나님의 구속 계획은 이렇게 수립되었다. 그것은 타락 직후 선포되었다. 하나님은 "만군의 여호와의 열심이 이를 이루시리라"(사 9:7)고 이사야의 입을 통해 선포하신 그대로 수행하셨다.

:: 이스라엘의 위로를 기다림

타락 이후 인류의 소망은 오로지 구원에 대한 약속에 있었다. 특히 구원을 가져올 "여자의 후손" 즉 메시아에 대한 기다림이 소망의 근거였다. 아담은 아들이 태어났을 때 그 이름을 "여호와로 말미암아 득남하였다"는 의미로 가인이라 지었다. 메시아에 대한 소망의 한 표현이었다. 여러 세대 후 라멕은 자신의 아들이 비범한 모습을 보이자 "이 아들이 우리를 위로하리라" 하며 노아라 불렀다. 아브라함도 아들로 위로 얻기를 기다렸다. 이사야의 예언인 "임마누엘"과 "기묘자"와 "모사" 그리고 "평강의 왕"도 그런 소망의 표현이다.

구약 시대의 오랜 기다림이 끝나고 과연 약속을 따라 예수 그리스도는 여자의 후손으로 오셨다. 세례 요한은 그리스도를 가리켜 "세상 죄를 지고 가는 하나님의 어린양"(요 1:29)이라 했다. 성전에서 아기 예수를 맞이한 시므온과 안나를 "이스라엘의 위로를 기다리는 자"(눅 2:25)라 부른 것도 그 소망의 연장선에서 나온 표현이다. 옛날 이사야 선지자는 이렇게 선포했다. "너희는 위로하라. 내 백성을 위로하라"(사 40:1). 시므온과 안나가 모든 구약의 성도들을 대표하여 아기 예수를 봄으로써 그 위로의 약속이 성취되었다.

구속의 역사는 이 언약이 이루어져 가는 역사다. 이것은 인류 역사 속에서 점진적으로 실행된다. 구약 성경은 점점 더 구체적으로 그 메시아의 모습을 그려 보여 주고 있다. 그것은 구약 성도들의 비전의 핵심이었다. 그들도 율법을 지켜 구원을 받은 것이 아니었다. 제사 제도는 죄 없는 희생 제물이 죄인을 대신해 죽어 죄를 사하는 것으로, 예수 그리스도의 대속의 복음을 예표한다. 구약이나 신약 모두 구원은 믿음으로 말미암는다. "의인은 그 믿음으로 살리라"(합 2:4).

언약과 구원의 중심은 여자의 후손인 예수 그리스도시다. 그리고 이 구속의 역사는 인류 역사의 중심이다. 오스카 쿨만(Oscar Cullmann)의 말처럼, 세상 역사는 연필의 나무 부분처럼 구속사라는 심을 둘러싸고 있는지도 모른다. 실제로 지금 인류가 사용하는 연도 표기법은 예수의 탄생을 중심으로 주전(主前, Before Christ)과 주후(主後, Anno Domini)로 나뉜다. 주후라는 의미의 A. D.는 "우리 주님의 해"라는 뜻이다. 주후 2005년은 우리 주님이 오신 지 2005년이 되는 해다.

이 역사는 개인의 역사가 아니다. 아브라함을 불러 유대인이라는 특별한 민족과 이스라엘이라는 국가를 세우시고 그 역사를 통해서 조금씩 단계별로 이루어 오신 구원의 과정이다. 거기에는 구름같이 둘러싼 많은 증인들이 있다. 수천 년의 역사가 복음의 완성을 준비한 것이다. 그리고 "때가 차매 하나님이 그 아들을 보내사(갈 4:4-5)" 구원을 성취하신 것이다.

예수 그리스도가 타락한 세상 속에서 유일한 소망의 근원이라는 것이 성경이 보여 주는 구속의 진리의 핵심이다. 성경은 우리가 이를 안경 삼아 세상과 인생을 이해하기 원한다. 죄와 고난과 공허한 삶으로 고통받는 사람들에게 이 진리 외에는 전할 복음이 없다. 이제 제시하는 예수는, 성경이 말하는 진정한 구원의 길이다. 이 복음을 제외하고 다른 모습으로 그려진 예수는 하나의 감동적인 이야기나 철학에 불과하다. 죄와 악으로 하나님과의 관계가 단절되고 왜곡되었으며 거기서 세상의 모든 참혹함이 비롯된다. 구원은 오로지 예수 그리스도를 통해서만 온다.

:: 예수 그리스도는 누구인가

구원이 오직 예수 그리스도를 통해서 온다는 말은 무슨 의미인가? 그것은 예수를 믿으면 구원받는다는 말일 것이다. 그러나 도대체 그것이 어떤 의미가 있다는 말인가? 나는 가끔 학생들에게 다그쳐 묻곤 한다. 그러나 기독교의 기본 진리라고 할 만한 이 말의 의미를 제대로 아는 사람이 드물다. 그럴 때마다 나는 그리스도인들이 평생 성경을 자세히 배우는 일에 힘써야 할 이유와 중요성을 다시금 깨닫곤 한다. 당연히 알고 있다고 생각되는 내용도 때로는 반복해서 확실히 가르치고 배울 필요가 있다.

오래 전 존 스토트(John R. Stott)의 「기독교의 기본진리」(*Basic Christianity*, 생명의말씀사 역간)를 읽으며, 예수를 믿어 구원받는 일의 의미를 정말 잘 설명했다고 느낀 적이 있다. 그는 이에 대해 "그리스도가 누구시며, 그가 하신 일이 무엇인지를(person and works) 믿어 구원에 이른다"는 의미라고 설명했다. 그렇다. 성경은 도덕적인 삶을 살면서 헌금이나 봉사를 잘 하는 것을 구원의 조건이라 하지 않는다. 심지어는 세례를 받고 그의 제자가 되는 것도 구원의 조건이 아니다. 구원은 예수를 믿는 믿음에서 온다. 그를 믿는 것이 구원이 되는 것은 그가 독특한 분이기 때문이다. 또 그가 하신 일이 특별하기 때문이다. 이 두 가지를 알고 믿는 것이 구원의 핵심이다.

첫째로 예수 그리스도가 누구인지 믿어야 한다. 성경의 주제는 예수 그리스도이다. 그것은 그가 구주로 오실 것에 대한 예언과 성취로 오신 것에 대한 증거, 그리고 심판주로 다시 오실 것에 대한 약속이다. 그를 믿는다는 것은 그가 누구인지를 바로 알고 믿는 것이다.

예수님은 제자들에게 그것을 원하셨다. 여러 학자들이 지적한 대로, 자기가 누구인지를 가장 중요한 교훈으로 가르치는 성인이나 교육가나 지도자는 없었다. 석가는 스스로를 신격화하지 않았다. 아마도 그에게 당신이 브라만이냐고 물었다면 한사코 부인했을 것이다. 누가 마호메트를 알라라고 불렀다면 그는 신성 모독이라고 펄쩍 뛰며 말렸을 것이다. 소크라테스에게 로고스나 제우스냐고 물으면 그렇지 않음을 깨우쳐 주려고 애썼을 것이 분명하다. 공자에게 당신이 예(禮)와 도의 화신이냐고 물으면 손을 내저으며 부정했을 것이다.

이들은 하나같이 자신이 깨달은 진리의 길을 가리켰다. 자기 자신이 진리의 길이라고 가르친 사람은 하나도 없다. 자신이 깨달은 진리를 가르치고 그것을 따라 살라 했다. 하지만 예수 그리스도는 달랐다. 그는 바로 자신이 "길이요 진리요 생명"이라고 하시며 "내게로 오라. 내가 너희를 쉬게 하리라"고 말씀하셨다. 말로만 그렇게 하신 것이 아니라 행함으로 보여 주셨다.

예수 그리스도의 행적은 복음서에 잘 나타나 있다. 그러나 복음서는 사실을 나열하기만 하는 평범한 전기가 아니다. 거기에는 예수 그리스도가 어떤 분이며 무슨 일을 하셨는지 증거하려는 분명한 의도와 관점이 깔려 있다. 그것을 가장 분명히 보여 주는 것이 가이사랴 빌립보에서의 제자들과의 문답이다(막 8:27-34; 마 16:17-20; 눅 9:18-23).

예수 그리스도는 제자들을 향해 "너희는 나를 누구라 하느냐"고 물으셨다. 이 질문은 그의 공생애 전반과 후반을 나누는 기점이 된다. 분량상으로도 각 복음서의 정확히 중간 부분에 위치한다. 그래서 나는 이 문답을 예수 그리스도의 '중간 고사'라고 부른다. 복음서의 이러한 구조는 우연의 일치이거나 담합의 결과가 아니라 정확하게 예수 그리스도의 의도를 반영한 것이다. 이 시점까지 그는 자신이 누구인지를 보이고 가르치시는 데 주력하셨기 때문이다.

"주는 그리스도시요 살아 계신 하나님의 아들이시니이다"라는 베드로의 정확한 답변은 모든 그리스도인의 신앙 고백의 핵심이기도 하다. 그 고백이 반석이 되어 그 위에 교회를 세우게 된다. 기독교 신앙의 기초는 그리스도의 신성과 성육신하신 것에 대한 바른 고백에 있다. 이에 대한 바른 이해와 믿음이 없다면 예수의 죽음은 기껏해야 고귀한 희생과 사랑의 모범에 그칠 뿐, 모든 인류의 죄를 대신한 사죄와 의로움이 될 수 없다.

:: 예수 그리스도는 어떤 일을 하셨는가

예수님은 베드로의 고백을 듣고 난 후에 거기에 덧붙여 자신의 일에 대해 가르치셨다. 중간 고사가 끝나고 학기 후반이 시작된 것이다. 복음서는 명확하게 예수님이 "이 때로부터" 자신의 고난과 죽음, 그리고 부활에 대해서 "비로소" 가르치기 시작하셨다고 기록하고 있다(마 16:21). 죽음과 부활이 바로 예수 그리스도의 일이다.

예수님은 목수의 일과 같은 일상적인 일을 하셨고, 공생애 이후로는 다양한 활동을 하셨다. 산상수훈과 여러 비유로 하나님 나라를 가르치시고, 제자들을 부르시고 훈련하셨다. 수많은 사람들의 삶을 치유하고 변화시키셨다. 물로 포도주를 만들고, 오병이어의 기적으로 수천 명을 먹이셨다. 병자들을 고치시고 죽은 자를 살리는 이적도 행하셨다. 성전에 올라가 제사장과 서기관들과 더불어 토론하시고 성전에 진 치고 있던 장사꾼들을 몰아내시기도 했다. 조용한 곳으로 가서 하나님께 기도하시는 것도 중요한 일과였다.

그러나 그분의 가장 중요한 '일'은 고난과 죽음 그리고 부활이었다. 그것이 바로 "여자의 후손" 메시아로서 해야 할 일이기 때문이다. 복음서는 이 점을 그가 어떤 분이라는 사실과 더불어 핵심 진리로 강조하고 있다. 아담 이래 반복되어 오던 죄악의 사슬은 오직 하나님의 아들이신 예수 그리스도로 인해 절단된다. 예수님은 아담이 실패한 것을 회복하시는 분이기 때문이다. 그도 마찬가지로 먹는 문제와 권세의 문제 그리고 신뢰의 문제로 유혹을 받았다. 그러나 이 모든 시험을 하나님의 말씀으로 물리치셨다. 그리고 궁극적으로 십자가에 죽으심과 부활을 통해 "여자의 후손"으로서 "뱀의 후손"을 이기시고 구원을 성취하셨다.

예수 그리스도는 하나님의 아들이시며 세상 죄를 대신 지신 구원자이시다.

하나님이 세상을 이처럼 사랑하사 독생자를 주셨으니 이는 저를 믿는 자마다 멸망치 않고 영생을 얻게 하심이니라(요 3:16).

이보다 복음을 더 잘 요약할 수는 없다. 예수를 믿는다는 것은 그가 하나님의 아들이며, 죽으시고 부활하심을 통해 죄인들에게 영생을 주신 분이라는 두 가지 사실을 믿고 고백하는 것이다. 그 고백이 참될 때 세상과 삶을 바라보는 소망의 눈이 열린다. 그 믿음을 가진 사람에겐 더 이상 죄악이 그를 정죄할 수 없으며, 그리스도 안에서 이전 것은 지나고 새 것이 되었기 때문이다.

:: 구원의 능력: 새 소망의 빛

살 소망이 없었던 나는 깊은 절망 끝에서 하나님이 나를 사랑하신다는 사실을 깨닫고 새 사람이 되었다. 지독한 의심과 방황 끝에 나는, 그토록 저항하는 죄인을 포기하지 않으시는 끈질긴 하나님의 사랑 앞에 무너졌다. 어느 날 수업을 시작하며 교수님이 하신 기도 한마디가 나를 흔들어 놓았다. "죄값을 그대로 갚으면 죽을 수밖에 없는 우리를 위해 대신 죽으신 주님…" 그 다음 말은 기억이 나지 않는다. 나는 그것만으로도 충분했다. 하나님이 나를 사랑하신다는 증거는 예수 그리스도이다. 그가 나 같은 죄인을 위해 오시고 또 죽으셨다는 사실이 실감 나자 눈물이 터져 나왔다. 그로부터 족히 1년 동안은 시도 때도 없이 눈물이 솟구쳤고, 시간이 가면서 그 눈물은 말랐지만 눈은 분명히 새롭게 열렸다. 그러고 나서 내가 더 이상 하나님의 진노와 형벌의 대상이 아니라 오히려 은총의 대상인 것을 알게 되었다.

성경이 말하는 구원이란, 예수의 존재와 그분이 하신 일을 믿을 때 하나님과의 관계가 회복되는 것이다. 범죄 이전의 아담이 그러했듯이 창조주 하나님을 향해 전혀 두려움이 없게 된다. 내 죄값을 예수 그리스도가 모두 갚으셨다는 것을 알기 때문이다. "그리스도 예수 안에 있는 자에게는 결코 정죄함이 없음"(롬 8:1)을 확신하기 때문이다.

그 확신을 체험한 날은 정말 놀라운 날이었다. 당시 많이 불리던 "하늘 영광 내 맘에 임했네"라는 찬양은 오랫동안 내 노래가 되었다. "놀라운 놀라운 날이었네. 나 어이 잊으리요…나 죄사함 받고 밤이 밝은 낮 되었네." 가사의 의미가 이렇듯 생생하게 가슴에 와 닿을 수 있다는 것을 처음 경험했다. 나의 삶은 그 날 이후 달라졌다. 그 기쁨을 누군가와 나누고 싶은 열정을 누를 수 없었다. 살 소망이 없었던 나였다. 그런 내가 지금 이렇게나마 하나님 나라의 한 모퉁이를 섬길 수 있게 된 것은 그 날의 경험에서 비롯된 것이다. 점차 내가 살아야 할 소망이 회복되었고 얼마 지나지 않아 소명도 분명해졌다.

소명감이 없어 학교를 그만두고 4년이나 방황하던 때와는 완전히 다른 삶이 시작되었다. 매사에 활력과 열정이 넘쳤다. 건강도 좋아지고 주변의 사람들과의 관계도 나날이 좋아졌다. 하는 일마다 모두 보람을 느꼈고, 사람들의 인정과 사랑도 받았다. 시야도 넓어졌다. 장래를 놓고 기도하는 중에 내 자신도 놀랄 만한 비전이 주어졌다. 개혁주의 신앙의 뿌리가 있는 곳을 찾아서 근본을 공부해 보라는 꿈을 받았다. 그 비전에 따라 계획이 생겼다. 1974년 이후 지금까지 30년의 내 인생길은 그 시절 주신 비전 가운데 걸어온 길이었다. 예수 그리스도는 삶의 소망을 회복시키셨다. 그 후 지금까지 내내 그 길을 동행해 주셨다. 그것이 내가 사는 힘이고 소망이다. 지금도 부족하고 연약하기 그지없으나 그 날 이후 나는 분명히 새 사람이 되었다. 아니 계속 새 사람으로 만들어지고 있다. 나는 지금도 그 경험을 토대로 매일을 살며, 또 내일을 내다본다.

이런 경험은 물론 나만의 것은 아니다. 이 글을 읽는 여러분의 이야기도 다르지 않을 것이라 믿는다. 이렇게 예수를 믿으면 삶의 의미가 회복되고 그로 인해 삶에 대한 새로운 안목과 의지가 생기게 된다. 그래서 "예수는 나의 힘이요 내 소망 되시니"라는 찬양이 나온다. 구속의 진리를 믿음으로써 사는 이유와 방향이 달라진다. 성경에서 구속의 진리 특히 예수 그리스도에 대한 진리는 단지 이론적인 지식에 그치지 않고 그 진리를 통해서 삶과 세상을 바라보는 안목의 바탕이 된다. 이에 비추어 사는 목적과 방법과 이유도 회복된다.

:: 교리와 믿음

오늘날, 구속의 내용을 잘못 이해하거나 전하는 경우가 종종 있다. 주로 구속의 내용은 부실하게 가르치면서 그저 믿음만 강조하는 데서 문제가 발생한다. 작년에 함께 기독교 세계관 공부를 하던 중 한 형제가 이를 깨우쳐 주었다. 그의 전공은 언어학이었는데 "믿는다"는 단어는 타동사이므로 반드시 목적어가 있어야 한다고 했다. 즉 믿을 대상과 내용을 분명히 가르쳐 주어야만 한다는 것이다.

실제로 많은 그리스도인들이 전도를 하거나 신앙 교육을 할 때 이 사실을 간과하는 경우가 있어, 그 형제의 말처럼 자칫 믿는다는 행위만을 강조하는 오류를 범할 수 있다. 전도자 자신조차도 무엇을, 어떻게, 왜 믿어야 할지를 잘 모르고 있는게 아닌지 염려가 된다.

담임 목회를 할 때, 한 교우로부터 이런 이야기를 들은 적이 있다. 자신은 예수가 누구인지 모르던 때 기도를 통해 병 고침을 체험했다고 한다. 그러니 왜 예수를 믿어야 하는지 모르겠다는 것이다. 이런 일은 물론 있을 수 있다. 하지만 그것은 "혹시 신이 있다면" 도와 달라는 탄원이 하늘을 감동시켜 일어난 것은 아니다. 그것은 예수 그리스도가 세상 죄를 위한 화목 제물이 되셔서 하나님의 치유하시는 은혜를 구원의 일부로 얻어내셨기에 가능한 일이다. 이런 진리는 복음에 대한 이해 없이 스스로 깨우칠 수 있는 것이 아니다. 그래서 전파하는 이가 없이 들을 수 없고, 들음 없이 참된 신앙을 가질 수 없다.

예수 그리스도를 믿는 것이 구원이 되는 것은 신앙의 신비다. 어떤 사람을 믿는 것이 문제의 해결이 되고 소망의 근원이 되며 실제로 유익을 얻게 되는 예는 많다. 신원 보증이나 재정 보증은 취직과 대출을 가능하게 해준다. 아기는 부모를 믿기에 그 품에 안겨 편안히 잠이 든다. 우리는 운전 기사를 믿기에 차에 오른 후 목적지에 도착할 때까지 불안해 하지 않는다. 예수 그리스도를 믿는 것도 마찬가지다. 그가 어떤 분이시며 우리를 위해 무슨 일을 하셨는지를 믿으면 그 안에서 삶의 평안과 용기를 얻는다. 소망이 솟아난다.

그가 오셔서 하신 일은 이미 오래 전의 일이다. 우리는 그분을 직접 만나지는 못했다. 성경과 앞선 신앙인들의 증거를 믿음으로만 알 수 있다. 그러나 그 믿음이 주는 확신과 결과는 실제적이다. '예수 믿어야 구원 받는다'는 의미는 앞서 설명한 바 있다. 어떤 강의나 설교를 들으면, 분명히 틀린 이야기는 아니지만 마음을 울리는 감동이 전혀 느껴지지 않을 때가 있다. '예수 믿으면 구원 받는다'는 고백에 힘이 없다면 그것은 뭔가 잘못된 것이다. 그 고백은 단순한 정보가 아니다. 거기에는 말로 다 할 수 없는 감격과 감사와 소망이 담겨 있다. 일기 예보보다 확신이 없는 설교나 전도는 모순 그 자체다.

믿음으로 구원을 얻는다는 말을 잘 이해해야 한다. 무조건 믿기만 하는 것이 하나의 덕목일 수는 없다. 그런 것이 신앙이라면 세상 모든 사람이 다 신앙인일 것이다. 알고 보면 사람은 모두가 무엇인가를 믿고 살기 때문이다. 은행을 믿고, 학교를 믿고, 돈을 믿으며, 자신을 믿고, 혹은 하나님을 믿는다. 물론 이런 믿음의 특징은 예수 그리스도는 필요로 하지 않는 믿음들이다. 심지어는 신앙인들 가운데, 하나님만 믿어도 되는데 왜 그 아들 예수 그리스도를 또 믿어야 하는지를 이해하지 못하는 경우도 있다. 자연히 그들은 예수님이 왜 십자가에 달리셔야 했는지도 전혀 알지 못한다. 성령의 존재와 역할에 대해서는 말할 것도 없다. 삼위일체 교리가 구원론에서 중요하게 다루어지는 이유가 여기 있다.

또한 내 믿음이 강해서 구원받는 것이 아니라는 점도 알아야 한다. 하나님의 사랑과 은혜를 믿고 의지하는 감격과 감사가 있는 믿음이 참 믿음이다. 심지어는 그 믿음도 하나님이 주신 선물임을 깨닫는 것이 믿음이다. 믿음이 강한 것을 자랑하는 사람은 아직도 미성숙하거나 혹은 위선자일지도 모른다. 예수 그리스도에 대한 성경의 가르침과 무관하게 믿는 소위 '직통파' 신앙이 위험한 이유가 여기 있다.

성경은 '오실 예수'와 '오신 예수'에 중심을 두고 있다. 또한 예수님 자신도 자기가 누구이며 무엇을 하였는지를 가장 중요한 메시지로 삼으셨다. 그분의 부르심은 이런 고백과 그 고백에 따라 변화하는 심령과 삶으로의 초청이다. 이 초청에 응답하며 살아가는 사람은 세상과 삶을 바라보는 안목이 바뀌게 마련이다. 그들은 이 세상에 살면서도 하나님 나라를 바라보는 비전을 갖게 된다. 이러한 사실은 구속의 내용을 좀더 자세히 살펴보면 분명히 알 수 있다.

미국 유학 시절, 교인 한 분이 내게 자동차를 넘겨준 일이 있었다. 10년이 훨씬 넘은 낡은 차였으나 필라델피아를 떠날 때까지 잘 타고 다녔다.
한번은 그 차로 뉴욕에 간 적이 있었는데,
고속도로에 들어서자 핸들이 비뚤어져 있는 것을 발견했다.
사실 바퀴가 잘못된 것이었다. 평소엔 몰랐는데 비뚤어진 상태로 핸들을 잡고
곧은 길을 2시간 넘게 달리다 보니 알게 된 일이었다.
차에 대해 잘 알지 못했던 나는 바퀴를 보도 턱에 대고 반대로 핸들을 돌리면 맞춰지지 않을까 해서 열심히 시도했다.
이럴 때 자전거 앞바퀴가 비뚤어지면
그렇게 바로잡곤 했기 때문이다. 앞에서 타락은 구조적인 결함이 아니라 방향의 문제라고 했다.
구속은 바른 방향으로 회복되는 것이다.

마찬가지로 구원 역시, 병장을 날로 잡기 위해 아예 새 주조체로 만들어야 하는 것이 아니다.
한쪽 바퀴만 바로잡으면 된다.

자동차 바퀴가 비뚤어진 것이 육안으로는
전혀 알 수 없을 정도로 미세하다 해도 결국 한쪽 타이어만 닳게 된다.
그래서 핸들을 바로잡아도 한쪽으로 쏠려 자동차의 진행 방향을 어지럽게 만든다.
컴퓨터로 측정해 가며 이를 바로잡는 것을
얼라이먼트라 한다. 바로잡아도 계속 덜덜거리면 뒷바퀴도
바로잡아야 한다. 한쪽으로 닳은
바퀴도 갈아야 한다. 세상의 타락은 인간의 마음이 비뚤어짐에서 비롯된다.
조금도 비뚤어진 자동차 바퀴처럼 눈에 잘 보이지 않는다.

제8장
구속된 세상

∷ 구속은 회복이다

미국 유학 시절, 교인 한 분이 내게 자동차를 넘겨준 일이 있었다. 10년이 훨씬 넘은 낡은 차였으나 필라델피아를 떠날 때까지 잘 타고 다녔다. 한번은 그 차로 뉴욕에 간 적이 있었는데, 고속도로에 들어서자 핸들이 비뚤어져 있는 것을 발견했다. 사실 바퀴가 잘못된 것이었다. 평소엔 몰랐는데 비뚤어진 상태로 핸들을 잡고 곧은 길을 2시간 넘게 달리다 보니 알게 된 일이었다. 차에 대해 잘 알지 못했던 나는 바퀴를 보도 턱에 대고 반대로 핸들을 돌리면 맞춰지지 않을까 해서 열심히 시도했다. 어렸을 때 자전거 앞바퀴가 비뚤어지면 그렇게 바로잡곤 했기 때문이다.

앞에서 타락은 구조적인 결함이 아니라 방향의 문제라고 했다. 구속은 바른 방향으로 회복되는 것이다. 자동차의 방향은 바퀴가 좌우한다. 방향을 바로잡기 위해 차를 부수고 새로 만들어야 하는 것이 아니다. 잘못된 바퀴만 바로잡으면 된다. 자동차 바퀴가 비뚤어진 것이 육안으로는 전혀 알 수 없을 정도로 미세하다 해도 결국 한쪽 타이어만 닳게 된다. 그래서 핸들을 바로잡아도 한쪽으로 쏠려 자동차의 진행 방향을 어지럽게 만든다. 컴퓨터로 측정해 가며 이를 바로잡는 것을 '휠 얼라인먼트'

(wheel alignment)라고 부른다. 앞바퀴를 바로잡아도 계속 털털거리면 뒷바퀴도 바로잡아야 한다. 한쪽으로 닳은 바퀴도 갈아야 한다.

세상의 타락은 인간의 마음이 비뚤어짐에서 비롯된다. 그것도 비뚤어진 자동차 바퀴처럼 눈에 잘 보이지 않는다. 구속은 비뚤어진 인간의 마음 방향을 하나님께로 바로잡는 일이다. 카이퍼는 구속을 "삶의 바퀴를 바로잡는 것"이라고 했다. 그의 비유처럼 결국 인간의 거듭남은 손이나 핸들이 아닌 마음을 바꾸어야 하는 것이다.

구속은 예수 그리스도로 말미암는 회복이다(고후 5:17-18). 아담이 깨뜨린 언약을 회복하는 것이다. 구속은 세상을 창조하신 본래의 목적대로 회복하는 것이다. 그래서 그것을 재창조라고 부르기도 한다. 그것은 "새 언약"에 기초한다(렘 31:31-34; 고전 11:25; 히:6-13; 7:1-10:39; 9:15). 그 언약의 머리는 예수 그리스도시며(히 8:8-13; 9:15; 10:20; 12:24), 이 일은 오직 그분만이 하실 수 있고, 이미 완성되었다. 예수 그리스도는 아담이 깨뜨린 언약을 지키셨고, 이를 통해서 하나님과의 바른 관계를 회복하셨다. 아울러 문화 명령을 바로 수행할 능력도 회복하셨다. 구속은 에덴 동산으로의 복귀나 단순한 창조의 회복이 아니다. 그것은 본래 창조의 계획대로, 하나님 나라로 향해 가는 행보를 회복하는 것이다.

구속이 '회복'이라는 사실은 그와 연관된 영어 단어에 흔히 '다시'(再)를 뜻하는 접두사 're-'가 붙은 것에서도 잘 드러난다. 영어로 구속은 'redemption'이고, 하나님과 죄인의 화목은 'reconciliation'이며, 거듭남과 중생은 'regeneration' 또는 'rebirth'이다. 또한 만물의 재창조는 'recreation'이다. 구속은 성취된 약속이며, 그것은 또한 온전한 완성을 바라보는 소망 있는 언약이다. 구속은 그리스도를 통한 하나님의 은총의 선물이요 또한 소명이다. 구속은 전적으로 성삼위 하나님의 주권적 사랑이 역사한 결과다. 이 구원의 계획은 성부에게, 성취는 성자에게, 적용은 성령에게 돌려진다. 구속과 창조의 회복은 우리 각자의 마음속에서 성령의 거듭나게 하시는 역사로 이루어진다. 그 거듭남은 오로지 예수 그리스도의 피 때문에 죄인을 사랑으로 보시기로 결정하신 하나님의 은총의 선물이다.

:: 구속과 사죄

이처럼 구속이란, 타락으로 죄악 가운데 죽은 자에게 새생명을 주시는 것이다. 구원에는 두 가지 요소가 있는데, 소극적으로는 사죄(赦罪), 즉 죄값을 십자가 죽음으로 갚아 주신 것이고(롬 4:25; 딛 2:14; 엡 2:10), 적극적으로는 의롭게 된 새사람으로 지음 받는 것이다. "예수는 우리 범죄함을 위하여 내어줌이 되고 또한 우리를 의롭다 하심을 위하여 살아나셨느니라"(롬 4:25). 세례도 이와 똑같은 진리를 가시적으로 드러낸다. 우리는 예수님의 죽음에 연합하여 죽는데, 세례 중에 물에 들어가는 행위가 이를 표상한다. 우리는 물에서 나올 때 그리스도의 부활에 참여하여 새로운 생명으로 거듭난다(롬 6:3-4). 구원은 그리스도와 함께 죽고 다시 사는 두 단계의 진리로 이루어진다.

우선 구속은 소극적인 면에서 죄사함이다. 구원에 관한 신학적 설명 가운데 한때 대속설 외에도 모범설, 도덕적 영향설, 신비설, 대리회개설, 통치설, 승리설 등이 있었지만, 이는 모두 잘못된 것이거나 충분하지 못한 설명으로 밝혀졌다. 대속설이란 구속을 '대가를 대신 지불하여 죄인을 구해 내는 것'으로 설명한다. 그래서 '대속'(代贖)이라 부른다. 구속은 예수 그리스도께서 십자가에 죽으심으로 우리의 죄값을 갚으신 것이다. 따라서 구속은 단순한 구원과는 다른 것이다. 구속은 첫째 형벌을 가져오는 죄책에서의 해방을 말한다.

"옛날에 깨어진 꽃병"이라는 제목의 전도지가 있었다. 아버지가 아끼시던 골동품을 깨뜨린 아이가 그것을 아는 하인의 입을 막기 위해 그의 종이 되다시피 하는 이야기다. 아버지가 무서워 고백하지 못하고 하인의 온갖 요구를 들어주다가 점점 심해지는 횡포를 견디다 못해 결국 아버지에게 고백을 한다. 사실 아버지는 그 일을 이미 다 알고 있었고, 아들이 고백해 주기만을 기다렸던 것이다. 아버지는 기쁨으로 아들을 안아 준다. 그 순간 하인의 횡포에서 벗어나 자유로운 아들로 되돌아 간다는 이야기다. 지금은 오래되어 빛이 바랬지만 구원의 '자유'에 대해 이만큼 적절한 비유도 흔하지 않다.

죄를 짓는 자마다 죄의 종이다. 죄를 범하는 자는 율법의 고발과 양심의 죄책에 시달린다. 그리스도의 구속은 바로 이 저주에서 속함 받는 것이다(갈 3:13). 구원을 체험한 사람은 더 이상 사망을 두려워하지 않는다. 죄가 아직도 그 기세가 등등하나 하나님의 자녀를 궁극적으로 지배하지는 못한다. 그러므로 구원의 능력을 진정으로 아는 하나님의 자녀는 오히려 그 죄를 꾸짖고, 극복할 수 있다. 그리고 심지어는 사도 바울처럼 죄가 가진 무기 중 가장 강력한 파괴력을 지닌 사망을 향해 "너의 쏘는 것이 어디 있느냐"고 조롱할 만큼 담대할 수 있다(고전 15:55). 마치 아버지의 용서를 받은 아이에게 하인의 협박은 더 이상 먹혀들지 않는 것과 같다.

이런 일은 그리스도께서 우리를 율법의 저주에서 풀어주셨기에 가능하다(갈 3:13). 구속은 예수의 피를 통해 죄인을 보시는 하나님의 은총이 서린 계획과 비전을 모두 포함한다(고후 5:19-21). 성경에서는 이 구속의 내용을 가능한 구체적이고 다양한 용어로 설명하고 있다. 희생 제물은 구약의 제사에서 나온 용어다. 공의의 만족이라는 표현은 법정 용어다. 속량(贖良)이나 대속이란 잃었던 무엇 특히 납치되거나 포로가 된 사람의 몸값을 지불하고 되찾아 올 때 쓰던 말이다. 그런가 하면 되물림이라는 시장 용어도 있고, 심지어는 십자가에서 승리하심, 암흑의 권세에서 건져냄 등의 군사 및 전쟁 용어도 사용된다. 이러한 다채로운 표현들은 모두 구속이 죄와 악에서부터의 구하심과 해방을 의미함을 잘 보여준다.

∷ 구속과 칭의

칭의(稱義), 즉 죄인을 의롭다 하시는 하나님의 선언은 구속의 적극적인 면을 포착한다. 그것은 소극적인 죄사함을 넘어, 죄인을 온전히 새롭게 회복하시는 주권적 선언을 의미한다. 이를 신학에서는 '법정적 의'라고 한다. 인간은 여전히 죄인이지만 예수 그리스도의 대속적 죽음에 근거하여 그분의 의를 우리의 것으로 돌리신 하나님의 주권적 선포로 의인이 되는 것이다. 예수 그리스도는 우리를 의롭다 하시기 위해 부활하셨다. 구속은 하나님의 은총의 선물이자 소명이다. 그것은 거저 주시는 바, '은혜'다.

오래 전 캐나다에서 기적이 일어났다. 얼음이 막 풀리기 시작한 호수에 할아버지를 따라 낚시를 간 어린 소녀가 물에 빠진 지 30여 분만에 구조되어 소생하였다. 얼음처럼 찬 물 속에서 몸의 모든 기관이 정지했다 살아난 것이다. 드물지만 어린아이에게는 이런 일이 가능할 수 있다고 한다. 어쨌건 이 사건은 부활절 시기와 맞물려 특종이 되었다. 하지만 나는 이 보도를 보면서 적잖게 실망했다. 소녀가 소생한 것은 사실이지만 숨이 멎어 있는 동안 피가 돌지 않은 탓에 약간의 두뇌 손상이 있다는 것이다. 회복이 된다 해도 예전과 똑같지는 않을 것이다.

그리스도 안에서 우리에게 주어진 새 생명은 이와 다르다. 그것은 우리를 온전히 회복시킨다. 원칙적으로 죄와 악에서 온전히 새롭게 거듭난다. 그리하여 이제는 죄악의 권세를 벗어나 새로운 생명의 원리를 따라 거룩한 삶을 살 수 있게 된다. 구약의 이스라엘이 그러했듯이, 그리스도인은 거룩한 무리다. 거룩해질 수 있고, 또 그래야만 한다. 거룩은 그리스도인의 특권이요 의무다.

한국의 그리스도인들은 이 점에 대한 이해와 실천 의지가 약하기 때문에 특히 유념해야 한다. 우리의 전통 신앙들은 대개 기복적이고 비윤리적이었다. 특히 미신은 신을 부리는 것인데 물론 섬김을 가장한 부림이다. 용왕에게 떡 한 시루를 바치고 고기가 한 배 그득히 잡히기를 기원하는 식이다. 그리스도인은 구원받으려고 선행을 하고 헌금을 하는 것이 아니다. 하나님이 세상 무엇과도 바꿀 수 없는 희생으로 우리를 사랑하셨음에 감동되어 그분의 말씀을 따라 바로 살고자 하는 것이다. 그분의 뜻대로 살고자 하는 것이다.

∷ 구속과 성화

구속은 순간적인 역사인 동시에 하나의 긴 과정이다. 이 양면을 이해하는 것이 바른 신앙을 키우는 데 중요하다. 세상을 구속하시는 역사는 구속자로 임하신 그리스도가 십자가에 달려 돌아가셨을 때 이미 이루어졌으나, 하나님 나라의 온전한 회복은 심판주요 교회의 신랑으로 오시는 그리스도의 재림과 더불어 완성된다. 개인적으로 볼 때에도 구속은 예수를 믿을 때 이루어지지만, 그 완성은 죽을 때까지 계속되는 긴 과정이다.

교회를 담임하던 시절, 주위 목회자들과의 교제에서 항상 배우는 것이 많았다. 목회에 어려움을 겪던 선배가 이런 말을 던졌다. "과연 성화가 있기는 있는 건가?" 그의 신학이 잘못되어 던진 말은 아니었다. 누구보다도 교리에 밝은 분이었다. 아무리 열심히 목회하고 심방하고 가르쳐도 교인들이 변하지 않는 것 같아 실망 끝에 하는 이야기였다. 수십 년 예수를 믿은 이들도 별로 다를 바 없다는 사실이 그를 가장 못 견디게 했다.

어떤 교인들은 조금만 섭섭하면 참지 못하고 혈기를 부려 교회에 불화가 그치지 않는다는 것이다. 그리고 그런 일이 있을 때마다 좌절을 느끼게 된다고 했다. 그래서 어떤 때는 "적어도 저 사람은 죽어도 안 변한다"는 생각이 들 수밖에 없다는 이야기였다.

충분히 공감은 되나 옳은 이야기는 아니다. 인간은 변하지 않는다고 생각하는 것은 패배주의 신앙이다. 윌라드는 이런 사람을 가리켜 "불쌍한 그리스도인"이라고 불렀다. 전인적 변혁을 가져오는 복음의 능력을 체험하지 못한 채, 별수없는 죄인이라는 생각으로 자조적이 된다는 것이다. 이런 유의 사람들은 스스로 결코 성자는 될 수 없다고 아예 포기하고 사는데, 이런 생각을 하는 한 변화의 비전은 열리지 않는다. 물론 사람이 쉽게 변하지 않는 것은 사실이다. 그러나 사람이 할 수 없는 것을 하나님은 하신다. 특히 인격 중심이 변화되는 일은 성령만이 하실 수 있다. 그 능력을 의지하면서 애쓸 때 그리스도인은 진보할 수 있다.

사도 바울은 너희 구원을 두려움과 떨림으로 이루라고 명령한다(빌 2:12). 나는 성경에서 무엇인가를 우리에게 명할 때에는 두 가지가 전제된다고 생각한다. 우선, 그것이 가능하기에 명령하는 것이다. 또한 강하게 명하지 않으면 저절로 되는 일이 아니기에 그렇게 명령하는 것이다. 그리스도인은 예수를 믿고 구원받는 것에서 그치는 것이 아니라 더 나아가 새 사람이 되어야 한다.

> 너희는 유혹의 욕심을 따라 썩어져 가는 구습을 좇는 옛 사람을 벗어 버리고 오직 심령으로 새롭게 되어 하나님을 따라 의와 진리의 거룩함으로 지으심을 받은 새 사람을 입으라(엡 4:22-24).

땀에 절은 내복을 벗지 않고 새 옷을 걸치는 사람은 없다. 옛 사람을 벗고 새 사람을 입는 것은 당연한 순서다. 그것은 당연할 뿐 아니라 가능한 일이다. 이를 믿고 따를 때 성화는 진행된다.

성화(聖化)를 통해 온전한 상태인 영화(榮化)에 이르는 과정에는 "성도의 견인"이 포함되어 있다. 견인(堅忍)이란 하나님이 자기 자녀들을 끝까지 붙잡으신다는 의미다. 인간의 편에서는 믿음의 인내이기도 하다. 그리스도인의 삶은 계속적인 싸움과 경주다. 얻었다 함도 아니고 이루었다 함도 아니어서 끝까지 매진해야 한다(빌 3:12). 여기서 주의해야 할 것은, 택함을 받은 사람은 무엇을 하건 괜찮다는 잘못된 예정론이다. 또한 어느 때고 구원을 잃어버릴 수 있으므로 끊임없이 두려워 떨며 노력해야 한다는 사상도 피해야 한다. 이 둘 모두 잘못된 구원관이다. 참된 신앙은 하나님의 은총으로 시작된 거룩을 향한 선한 싸움이 조금씩 열매를 맺어 가는 모습이다.

여기서 히엘레마의 '칭의와 성화에 대한 비교'가 도움이 될 것이다. 칭의는 선물이지만 성화는 선물인 동시에 책임이다. 구원받기 위해 우리가 노력할 필요는 없다. 아니, 그럴 수도 없다. 하지만 성화를 위해서는 노력해야 한다. "하나님이 우리 속에서 역사하시듯(work in us) 우리는 구원을 밖으로 이루어 내야(work out) 한다." 칭의는 개인적이지만, 성화는 개인적인 동시에 공동체적이다. 나만 거룩해질 것이 아니라 결혼, 가정, 사업, 교회, 사회, 국가가 거룩해져야 한다. 칭의는 완성되었으나 "칭의의 함축과 결과"인 성화는 계속된다. 칭의와 성화 모두 우리 전 인격과 관계된다(Dallas Willard, *Renovation of the Heart*, pp. 26-27).

성화는 오랜 시간이 필요한 과정이다. 윌라드의 예처럼 구원받은 성도는 안전하지만 완전하지는 않다. 마치 난파된 선박이 구조선의 도움을 받아 부두에 예인되어 들어와 있는 것과도 같다. 이제 침몰할 염려는 없다. 선원들의 생명은 물론이고 배 안에 실린 모든 물건도 안전하다. 하지만 완전하지는 않다. 선박을 수리하는 건조 도크에 들어가 파손된 곳을 고쳐야 한다. 그래야만 다시 항해할 수 있다. 그렇게 해야만 배로서 본래의 기능을 다할 수 있다. 구원받은 성도의 삶도 마찬가지다. 죽음과 지옥의 형벌로부터 안전한 것은 구원의 전부가 아니다. 온전한 성도의 근본적인 특성은 본래 하나님의 자녀 된 신분과 그에 따른 권리와 의무를 회복한 성도의 거룩한 삶에 있다(Dallas Willard, *Renovation of the Heart*, p. 381).

:: 구속과 윤리

기독교에서 구원과 행위의 관계는 언제나 "그러므로"라는 말로 표시할 수 있는 독특한 윤리다. 바울은 자신의 서신서에서 늘 먼저 교리를 말하고 이후에 실천으로서의 윤리를 설명하는 형식을 취하곤 했다. 그리고 교리와 윤리의 전환점에 "그러므로"가 등장한다. 대표적인 것이 에베소서 4:1이다. 전체 6장 가운데 3장까지 교리를 가르친 후 이렇게 실천을 권한다. "그러므로…너희가 부르심을 입은 부름에 합당하게 행하여…." 앞서 언급한 로마서 12:1도 마찬가지다. 두 군데 다 복음의 진리에 대한 감사와 찬양을 한 후 "그러면 우리는 어떻게 살아야 할 것인가"에 대해 말하기 시작하는 부분이다. 우리는 구원을 받기 '위해서' 바르게 사는 것이 아니다. 단지 은혜로 구원을 받고 "그러므로" 바르게 살게 되었다.

인간은 바르게 산다고 해서 스스로 구원할 수 없다. 그러나 구원을 받고 "그러므로" 바르게 살아야 하는 존재다. 선한 삶이 따르지 않는 구원이란 의심스러운 것이다. 그런데도 대부분의 그리스도인들이 성화를 포기하고 사는 것처럼 보이니 비극이다. 많은 이들이 성화의 가치를 잘 모르기 때문에 비전이 없고, 자연히 노력하고자 하는 동기 의식이나 목표도 설정할 수 없다. 그들은 스스로 매우 불쌍한 그리스도인이기를 자처한다.

"아, 하나님의 은혜로 이 쓸데 없는 자, 왜 구속하여 주는지 난 알 수 없도다." 찬송가에서 이 부분만 떼어서 글자 그대로만 본다면 그것은 비극이다. 특별히 신앙 생활을 오래 한 성도가 여전히 구원해 주신 이유를 알 수 없다고 말한다면 문제가 있다. 그는 "악하고 게으른 종"일 가능성이 많다. 이 찬송의 의미는 분명히 예정론적 고백이다. 왜 이 쓸모 없는 자를 쓸모 있는 사람들보다 귀하게 여겨 구속해 주셨는지, 그 신비를 찬양하는 가사다.

앞서 언급한 대로 나는 20대 초반에 신앙적으로 심각하게 방황했던 적이 있다. 사명감을 잃고 신학 대학을 그만두고 다른 길로 가려고 재수를 했었다. 여러 번 좌절을 맛보면서도 신학으로 되돌아갈 생각만큼은 절대로 하지 않았다. 목사님과 어머니를 비롯해서 주변의 끊임없는 권고가 있을수록 반대로 가려고 애를 썼다. 스스로 생각해 보아도 무척이나 완악한 방황이었다. 그 4년 간 방황하는 나를 붙잡아 준 친구가 있었다. 신학의 길로 되돌아오는 데 결정적인 역할을 한 것도 그였다. 그는 인품도 훌륭하고 강직하며 바르다. 한국에서도 그랬지만 유학을 가서 세상에서 가장 좋다는 학교를 두루 거쳤고 모든 면에서 탁월한 사람이었다. 무엇보다 신학에서 이탈하려 애쓰던 나와는 반대였다. 과학자가 되기를 중단하고 장차 신학 공부를 하려고 종교학과로 옮길 것을 심각하게 고려한 적도 있었다고 한다. 그에 비해 왜 학식이나 인격이 못한 나를 굳이 이 길로 이끄셨는지 알 수가 없다.

칼빈주의의 표지처럼 되어 있는 예정론은 이렇게 생각해야 옳은 교리이다. 세상의 불신자들 가운데 그리스도인을 부끄럽게 만들 만한 이들은 많다. 서양에서 찾아보면 소크라테스나 플라톤이 그렇다. 동양에서는 석가모니나 공자가 그렇다. 왜 이들을 택하시지 않았는지 우리는 알 수가 없다. 오늘날에도 세계가 우러러 받드는 사람들이 많다. 그러나 그런 이들이 불신자로 남고, 죄인 중의 괴수와 같은 우리가 하나님 자녀의 반열에 들게 된 것은 참으로 신비일 따름이다. 이런 의미에서 그 찬송 가사는 옳다. 하지만 예수를 믿고 하나님의 자녀로 사는 날이 수십 년이 넘은 신자가 아직도 왜 구속해 주셨는지 이유를 알 수 없다면 그것은 좋은 고백이 아니다. 그리스도인이라면 누구나 하나님의 뜻을 찾아 그것을 이루며 살아야 한다.

:: 새로운 질서와 소명

구속은 새로운 삶의 질서요 소명이며 새로운 비전의 회복이다. 구속의 적용은 또한 전적으로 성령의 주권적 사역의 결과다. 그래서 우리는 자랑할 것이 없다. 사람은 물과 성령으로 거듭남으로 구원을 받으며 이는 자신의 의지적 결단의 결과가 아니다. 그래서 개혁주의 신학에서는 구원의 절차를 부르심, 거듭남, 믿음과 회개, 칭의, 양자 삼으심으로 이해한다. 여기에 성화와 성도의 견인과 온전해지는 영화가 따른다(롬 8:29-30). 신학자들마다 약간씩 순서나 내용에 대한 이해가 다르긴 하나 대략 이런 순서로 구원이 완성된다고 본다.

여기서 중요한 것은 예수를 믿고 고백하는 것은 시작일 뿐이라는 사실이다. 믿음과 회개에는 지, 정, 의를 다하여 전인적으로 복음을 이해하고 받아들여 믿고 삶의 방향을 돌이키는 것이 포함된다. 특히 중생은 "새 생명의 원리를 사람 안에 심고 영혼의 지배적 성향을 성화시키는 하나님의 행위"이다. 그 원리에 따라 새 사람으로 자라가는 것이 필요하다. 새 사람을 위해 사랑의 계명을 주셨다(요 13:34). 새 계명은 율법의 멍에가 아니라 "사랑으로써 역사하는 믿음"(갈 5:6)에 기초한 것이며, 새 사람은 그에 순종해야 한다.

구원의 감격이 삶의 안목과 비전으로 회복되어야 한다(갈 2:20; 고후 5:15). 예수님도 눈은 몸의 등불이라고 하셨다. 눈이 밝으면 온 몸이 밝고 눈이 어두우면 삶이 어둡다. 바울처럼 예수님의 안경으로 삶과 세상을 보는 사람이 되어야 한다(빌 3:7-14; 2장). 이 신앙의 비전은 야망 아닌, 선하고 겸손하며 자상한, 넓고 역동적인 동시에 인내와 소망을 갖춘 영원한 비전이다. 이런 구속의 비전은 곧 하나님 나라를 바라보는 안목이다.

구속도 선물인 동시에 소명이다. 이 소명을 실천해야 할 세상은 여전히 어둠 속에 잠겨 있고 회복되어야 할 세상이다. 예수 그리스도의 구원은 세상을 위한 것이다. 새로운 질서인 복음의 빛이 세상에 비춰었다. 새로운 생명이 심겨졌다. 천지 창조 이래 중단되었던 하나님 나라를 건설하는 일이 다시 시작되었다. 성도는 이 일의 사역자다. 마치 아담과 하와가 그러하듯 남녀 성도 모두가 하나님 나라의 재건이라는 소명을 받았다.

하나님의 세계는 하나이나, 인간의 타락 이후 세계에는 두 가지 대립(antithesis)하는 삶과 문화의 원리가 존재하게 되었다. 하나님을 배격하는 반역적이고 타락한 방향이 새롭게 등장한 것이다. 그러나 타락한 피조물을 저버리지 않으시고 보존하시는 하나님의 은총을 인해 그 대립은 유지되고 있다. 이러한 대립을 선과 악, 죄와 은총, 자연과 은총, 성과 속을 전혀 다른 원리로 나누는 이원론(dualism)과 혼동해서는 안 된다.

하나님 나라를 회복하는 일은 교회를 중심으로 전개된다. 하나님은 구원받은 성도들을 그의 교회로 불러모으신다. 교회는 세상에서 구별된 성도들의 모임이다. 교회는 그 일의 전초 기지요 훈련장이다. 모인 교회는 흩어짐을 전제로 한다. 교회는 모여 힘을 얻고 세상 속의 누룩과 빛으로 다시 흩어진다. 성도들의 삶과 일을 통해서 하나님 나라는 세상 속에서 구체적으로 확장된다. 복음의 진정한 성취는 어둠 속의 세계가 점차 복음의 빛으로 나아오는 것이다. 세상의 죽음과 폭력의 원리가 차츰 생명과 샬롬의 원리로 바뀌어져 가는 것이다.

　인간을 구원하시기 위한 계획은 이제까지 살펴본 바와 같이 그처럼 원대하고 주도면밀한 것이다. 한 작가의 비유처럼 이를 위한 하나님의 계획은 효과적이다. 거기에는 실패가 없다. 그것은 결코 세상의 계획과 같이 잘못되는 법이 없다. 세계적인 명성을 자랑하는 독일의 폴쉬 자동차 회사가 히틀러의 지시로 만들어 낸 '무적 탱크'의 예는 재미있다. 소위 '생쥐 계획'에 따라 이 회사는 과연 무적 탱크를 만들어 냈다. 전장 15미터에 1500마력 엔진을 갖춘 180톤짜리 움직이는 철옹성이었다. 직격탄에도 아무 문제가 없을 정도로 튼튼했다. 완전 방수로 물 속에서도 진행 가능하게 설계되었다. 빠르기도 다른 탱크 못지않았다. 일격에 모든 목표물을 초토화시킬 수 있는 엄청난 대포가 장착되었다. 그러나 문제는 너무 무겁다는 데 있었다. 지나가는 길마다 엉망이 되어 버렸다. 조금만 무른 땅에서는 바퀴가 틀어박혀 꼼짝도 못했다고 한다. 하나님의 구원 계획에는 이런 일이 없다.

　우리는 이런 전능하신 하나님의 구원 계획을 통해 새 삶을 얻었다. 죄와 악으로 인해 비참과 무의미와 부조리가 가득한 세상 속에서도 그것은 여전히 살 소망의 원천이 된다. 물론 그것은 그저 살 소망을 간신히 주는 것에서 그치지 않는다. 우리에게 하나님 나라를 위해 일할 강력한 능력을 준다. 이런 능력으로 살아가는 사람은 세상이 감당치 못한다.

제9장
하나님 나라의 내림(來臨)

:: 잘못된 이미지

오늘날 사람들에게 '불신 지옥'이라는 말은 "불이야"라는 소리만큼도 놀랍지 않다. 지옥이 화재처럼 생생하게 느껴지지 않기 때문일 것이다. 그것은 천국에 대해서도 마찬가지다. 버나드 쇼(Bernard Show)는 이렇게 빈정댄 일이 있다. "전통적으로 인식되는 천국은 너무 공허하고 재미없고 쓸모없을 뿐만 아니라 너무나 비참하다. 그래서 해변에서의 하루를 묘사하려는 사람은 많지만, 천국에서의 일생을 묘사하려는 사람은 아무도 없을 것이다." 이런 이야기가 버나드 쇼와 같은 사회주의자에게서 그친다면 다행일 테지만, 문제는 그리스도인들 가운데도 그 말에 공감할 사람이 있을 것이라는 데 있다.

이런 현상은 천국에 대한 이미지가 잘못되어서 그렇다. 성경이 말하는 천국(天國), 즉 하늘 나라(the kingdom of heaven)는 하나님 나라(the kingdom of God)와 동의어다. 신약 성경과 초대교회 문헌에서 두 단어는 혼용되었다. 예를 들어 같은 내용을 마태복음(13:11, 24, 31, 33)은 "천국 비유(혹은 비밀)"라 한 반면, 마가복음(4:11, 30)과 누가복음(13:18, 20)에서는 "하나님 나라 비유"라 불렀다. 나 또한 이 단어들을 혼용할 생각이다.

하나님 나라는 '주권이 하나님께 있음'을 강조하는 표현이며, 천국은 '세상 나라와 대립하는 초월성'을 드러내는 말일 수 있다. 그러나 이런 미묘한 어감의 차이보다 더 중요한 것은, 성경이 말하는 천국은 하늘 저 너머 우주 한 모퉁이에 있는 나라가 아니라는 사실이다. 신구약 성경 어디에서도 그런 인상은 받을 수 없다. 우리나라 성도들이 그렇게 생각하는 것은 불교의 영향 때문인 것 같다. 천국은 불국(佛國) 또는 극락처럼 이승이 아닌 저승에 있는 것이 아니며, 철학자와 사상가들이 꿈꾸었던 유토피아처럼 실체가 없는 것은 더더욱 아니다. 그것은 이 땅에 임했고 또 장차 이 곳에서 완성될 하나님의 나라다.

천국을 제대로 이해하고 있는 사람은 그리스도인들 중에도 많지 않아서, 그저 '죽으면 가는 좋은 곳'이라고만 생각하는 사람이 허다하다. 천국은 혁명가나 사회 운동가들이 온갖 상상력을 동원해서 꾸며 내는 이상향과는 딴판이다. 이들이 꿈꾸는 유토피아는 정말 찬란하다. 플라톤의 「국가」(*politeia*, 서광사 역간)나 베이컨의 「새로운 아틀란티스」(*The New Atlantis*, 에코리브르 역간)는 고전적인 예다. 마르크스가 예언한 "계급이 사라진 공산 국가"가 또 다른 예가 된다. 마틴 루터 킹이 꿈꾼 "인종 차별 없는 미국의 모습"이 또한 그렇다. 공상 과학 소설이나 영화에 비친 미래의 모습은 말할 것도 없다. 그것들은 글자 그대로 유토피아, 즉 어디도 존재하지 않는 허구다. 그런데도 얼마나 생생하게 그려지는지 모른다. 반면에 천국에 대한 그리스도인들의 상상력은 빈곤하기 그지없다. 나는 오늘날 신앙인들이 무기력한 이유가 바로 여기에 있다고 본다.

∷ 회복되는 하나님의 나라

우리는 불행하게도 국권을 상실하고 일본의 지배를 당한 적이 있었다. 당시 삼천리 국토도 있고 국민도 있었으나, 국권이 일본에게 넘어갔다. 그 결과 우리나라는 잠시 지도와 역사에서 사라진 것이나 다름없었다. 손기정 선수가 1936년 베를린 올림픽 마라톤에서 우승했을 때 태극기가 아닌 일장기가 올려졌던 것이 그 증거다. 국가의 3대 조건은 "국토, 국민, 주권"인데, 광복을 통해 회복된 것은 국토나 국민이 아니라 바로 주권이었다. 반독재 민주화 투쟁 역시 국민의 정치적 주권을 찾기 위한 것이었다. 마찬가지로 하나님 나라의 도래란, 잃었던 세상에 대한 하나님의 주권(主權)이 회복되는 것을 말한다.

하나님 나라는 구속의 결과로 세계가 회복되는 일을 통해 이 땅에 임한다. 타락이 전 우주에 영향을 미치듯, 구속도 인간의 구원에서만 그치지 않는다. 월터스는 「창조·타락·구속」에서 "구원이 창조계의 회복이라는 사실은, 하나님 나라에 대해 살펴보면 더욱 구체적으로 설명된다"고 했다. 그것은 "그리스도 안에서 창조계의 회복과 하나님 나라의 도래는 동일한 일이기 때문"이다.

월터스의 주장은 "나라"를 뜻하는 헬라어 '바실레이아'(*Basileia*)의 의미에 대한 신학적 해석에 기초한다. 그는 바실레이아가 우선적으로 '영역 혹은 지역'을 뜻하지 않는다고 지적하는데, 이는 특히 주로 비유로 주어진 천국에 대한 예수님의 설명을 종합해 볼 때 분명해진다. 물론 이 말에 지역적인 의미가 전혀 없다는 것은 아니지만, 그보다는 '주권, 통치, 지배' 등 왕이 직무를 능력 있게 행사한다는 의미가 강조되어야 한다고 했다. 즉 나라의 의미는 지리적인 장소가 아니라 주권(dominion)과 왕의 통치권(sovereignty)이다. 하나님 나라 역시 장소적 개념, 즉 '하늘에 있는 나라'가 아니라 하나님의 주권이 인정되고 실행되는 곳을 가리킨다.

하나님 나라는 구속의 원리가 구체적인 삶으로 드러나는 곳에 임한다. 하나님이 모든 만물의 주님이시라는 사실을 고백하고 인정하고 실천하는 곳에 임한다. 한 개인의 거듭난 마음과 몸이 그런 곳일 수 있으며,

한 가정과 직장이 그런 곳이 될 수 있다. 물론 교회는 원칙적으로 그런 곳이다. 하나님 나라는 유형적인 무엇에만 임하지 않고, 학문과 예술에도 임할 수 있고 또 그래야 한다. 기독교 학문이란 신학이나 기독교 철학만을 말하지 않는다. 공학이건 인문학이건 성경적 세계관과 전제에 입각한 경우를 모두 말한다. 마찬가지로 기독교 예술도 성화(聖畵)나 성가 그리고 교회 건축에만 국한되지 않는다. 성경적 진리에 기초를 둔 예술 모두를 말한다.

창조, 타락, 구속의 통합적 진리인 성경의 복음 진리는 단순한 개념이나 교리가 아니라 삶 속에서 능력으로 나타나는 진리다. 기독교 진리는 이성적인 면을 도외시하지는 않지만, 철학과 달리 구원에 대해 '깨달음으로 얻는다'고 말하지 않는다. 오죽하면 하나님의 아들 예수 그리스도가 세상에 육신을 입고 오셨겠는가. 그가 몸을 찢고 피를 흘려 이루신 구원과 창조의 회복은 항상 몸과 피가 있는 구원이다.

신앙은 지적인 이해나 감정적 느낌 또는 의지적 결단 이상의 것이다. 그것은 전인적인 체험이다. 몸이 변하지 않는 중생은 실체가 없는 것이다. 삶이 변화되지 않는 구원도 문제다. 영지주의는 초대교회를 위협하던 이단으로, 기독교 신앙을 신비한 지식으로 축소하였다. 그러나 우리는 몸의 부활을 믿는다. 하나님 나라는 우리 몸에서, 이웃과의 관계 속에서 이루어진다. 하나님 나라는 가정과 학교 그리고 직장에서 우리의 언행심사를 통해 드러난다. 우리는 그 나라의 시민이며 그 의를 전파하는 사신이다. 때문에 홀로 믿는 기독교는 바른 것이 아니다. 물론 신앙의 결단은 개인적인 측면이 강해서 각자가 하나님 앞에서 구원과 영벌을 결정하지만, 믿는 성도는 결코 혼자서 살지 않는다. 구원받은 자들은 그리스도의 몸인 교회의 일부가 되어 신앙의 가족이자 공동체의 일원으로 살아간다. 믿는 성도의 삶과 그들의 공동체인 교회를 통해 복음과 구속의 능력은 세상 속에서 구체적으로 드러난다.

창조와 타락과 구속의 진리를 통해서 세상을 보면 하나님 나라가 보인다는 말이 무슨 뜻인지 이제는 좀더 분명해졌을 것이다. 구속의 진리라는 안경을 쓴 눈에는 세상이 더 이상 전도서 기자가 보는 것같이 허무로 가득한 곳이 아니다. 그 눈에는 하나님 나라를 바라보는 비전으로 가득하다. 이것이 성경적 세계관이 가진 실질적인 의미다.

:: 복음의 핵심

로마 제국이 392년 기독교를 공인하면서 하나님 나라가 로마를 통해 이루어진다는 환상이 퍼졌다. 그러나 당시 로마는 이미 쇠퇴기에 들어선 후였다. 그 환상은 오래지 않아 알라릭(Alaric)이 로마를 침공해서 약탈하는 사건 (주후 410년)이 벌어지면서 무너졌다. 어거스틴이 「신국론」(De Civitate Dei, 분도 역간)을 쓴 것은 그런 혼란을 바로잡기 위해서였다. 로마는 물론이고 그 어떤 나라도 하나님 나라와 동일시될 수 없음을 보이고자 한 것이다.

중세 유럽, 청교도 혁명 직후의 영국, 건국 초기 미국에 대한 환상도 잘못이기는 마찬가지다. 하나님 나라는 교회의 울타리 안에 갇혀 있는 것도 아니다. 천국을 마음속에만 있는 것으로 보고 지나치게 정신적이고 내면적인 것으로만 보는 것도 오해다. 가톨릭이나 특정 교단과 같은 제도적인 교회와 하나님 나라를 동일시하는 것도 물론 커다란 잘못이다. 이 모두가 그리스도의 왕권의 범위를 제한하는 일이 된다.

이 세상은 본래 모두 하나님의 것이다. 따라서 하나님 나라의 범위는 카이퍼의 말처럼 "한 치도 빠짐없는 세상 전체"이다. 그러므로 당연히 회복 목표도 이 세상 전체가 되어야 한다. 예수님은 우리에게 하나님 나라와 그 권세라 할 수 있는 의(義)를 삶의 우선 순위로 삼으라고 명하신다

(마 6:31-34). 월터스의 말처럼 그리스도는 "반쪽짜리에 만족하지 않으시고 창조계의 삶 전체를 주장하신다." 반쪽짜리 회복은 흔히 신앙과 생활의 불일치나 영과 육의 분리와 같은 이원론적 세계관에서 비롯된다.

구약 성경은 하나님이 하늘과 땅의 주권자이시라고 선포한다. 신약에서는 구속을 통한 우주적 주권의 회복이 강조된다. 「하나님 나라」(*Coming of the Kingdom*, 엠마오 역간)를 쓴 헤르만 리델보스(Herman Ridderbos)는 그것이 "신약 성경 전체의 핵심 주제"라고 했다. 예수 그리스도의 첫 메시지가 "회개하라. 천국이 가까웠느니라"(마 4:17)였다는 사실은 그 점을 증거한다. 그분의 첫 설교라 할 수 있는 산상수훈의 내용도 마찬가지다. "심령이 가난한 자는 복이 있나니 천국이 저희 것임이요"라는 첫마디가 이를 잘 보여 준다. 산상수훈의 핵심이 '그 나라와 의를 구하는 삶'에 대한 가르침이라는 점도 마찬가지다. 팔복은 '누가 천국에 합당한 자인지'에 대한 설명이다(5:1-10). 거기에 이어서 '하나님 나라의 시민의 특징'이 하나하나 거론된다(5:19-20). 또한 그분은 '하나님 나라가 임하기를 기도하라'고 가르치신다(6:10). '누가 천국에 들어갈 진정한 시민인가'에 대해서도 언급하신다(7:21). 이외에도 하나님 나라가 신약 성경의 핵심이라는 증거는 얼마든지 많다.

:: 하나님 나라와 교회

하나님 나라와 교회는 분명히 구분된다. 교회는 하나님 나라의 매우 중요하고 핵심적인 부분이다. 그러나 교회가 바로 하나님 나라인 것은 아니다. 하나님 나라는 교회보다 훨씬 큰 실재이며, 그 범위는 구속을 통해서 회복되는 세계 전체다. 하나님의 나라는 영원한 반면, 교회는 한시적인 기구다. 사도 요한이 본 새 하늘과 새 땅에는 성전이 없다고 나와 있다(계 21:22). 거기에 교회가 따로 없는 것은 이 세상 전체가 하나님의 주권 아래 있기 때문이다.

교회는 역사 속에서 하나님 나라의 확장을 위해 세우신 특별한 기구다. 그러나 교회의 지경을 넓혀서 세상을 덮으려는 것은 중세적 발상이다. 세상에서 교회의 세력이 날로 커지는 가운데 오히려 하나님 나라는 점점 축소될 수도 있다. 만일 교회가 모든 능력과 자원을 교회 자체를 유지하는 데 사용한다면 분명히 그렇게 될 것이다. 교회가 하나님 나라를 확장하는 진정한 방법은 세상 속으로 나아가는 것이다. 그것은 선교와 성도들의 일상 생활을 통해 이루어진다. 교회의 사명은 복음의 역동성을 가지고 세상을 향해 전도자와 일꾼을 파송하는 신앙 공동체가 되는 것이다.

교회는 하나님 나라를 위한 군사와 일꾼을 기르는 훈련소라 할 수 있다. 즉 전도와 선교의 전초 기지다. 세상에서 주를 위해 일하고 싸우다가 핍박받고 상한 심령들이 쉬면서 치유를 받는 곳이기도 하다. 또 세상 속에서 그리스도인들의 활동을 지원하는 본부에 비유할 수 있다. 교회는 결코 그리스도인들이 세상을 피해 그 안에서 안주하는 게토(ghetto)가 아니다. 울타리를 높여 세상으로부터 자신을 지키는 것은 교회의 사명이 아니다. 본부나 훈련소를 방어하는 것이 유일한 전투라면 그것은 이미 진 전쟁이다. 전선이 훈련소나 본부에서 멀수록 바람직하고, 그것이 이기는 전쟁이다.

교회에서 훈련받고 세상에 나가 복음의 능력을 드러내는 그리스도인이 하나님의 나라를 확장한다. 예수 그리스도는 하나님의 나라와 그 의를 우선적으로 추구하라고 하신다. 그것은 예배 참여와 교회 생활 이상으로 넓은 활동을 염두에 두고 하신 말씀이다. 물론 직접적인 전도와 선교만이 하나님 나라를 확장하는 일은 아니다. 신자들은 자신의 구별된 삶을 통해 불의한 세상 속에서 의의 빛을 발해야 한다.

오늘날 한 나라의 문화는 통신 기술의 발달에 힘입어 국경을 넘나들며 다른 나라에까지 영향을 미친다. 미국의 대중 문화는 군사력보다 훨씬 더 강한 영향력을 행사하여 전 세계에 미국식 가치관과 생활 방식을 퍼뜨린다. 즉 그 나라의 세계관을 심는 것이다. 미국의 문화는 사람들의 식생활, 패션, 심지어는 성생활까지 구체적으로 지도한다. 월트 디즈니의 애니메이션이 전 세계 어린이들에게 꿈을 심어 준다. 미국 영화와 음악은 전 세계 젊은이들의 꿈이 되고 있다. 반드시 군대를 동원해서 침략을 감행해야 주권을 빼앗는 것은 아님을 알 수 있다.

하나님 나라의 확장 원리도 이와 흡사하다. 하나님 나라는 교회 울타리 안에 갇혀 있을 필요가 없고 그래서도 안 된다. 하나님 나라는 심지어 아직 정복되지 않은 불신 세계를 뚫고 들어가 영향을 미칠 수 있다. 성도들이 빛과 소금으로 살아가면 하나님 나라의 문화와 의와 평강의 힘이 불신 세계에 큰 영향을 미치게 되고, 그것은 전도와 선교의 기반이 된다. 복음 전도와 선교에는 반드시 사회와 문화의 변화가 따르게 마련이다.

:: 이미 임한 나라

예수님 당시 사람들에게는 '하나님 나라가 언제, 어떻게 임할지'가 초미의 관심사였다. 그렇게 된 데에는 민족주의 영웅인 마카비(Maccabee)의 영향이 컸다. 마카비란 유다 벤 마타디아스(Judas Ben Mattathias)의 별명으로 '해머, 즉 큰 망치'라는 뜻이다. 그와 그의 후계자들은 유대의 독립을 위해 알렉산더 제국을 이어받은 셀레우코스(Seleukos) 왕국의 황제 안티오쿠스 에피파네스(Antiochus-Epiphanes)와 싸웠다. 그들은 기적적으로 주전 2세기 중반 잠시나마 나라를 회복한 바 있다. 유대인들 가운데는 그런 방식으로 당시의 지배자인 로마를 물리칠 메시아에 대한 대망이 널리 퍼져 있었다.

이에 대한 예수 그리스도의 답은 전혀 달랐다. 하나님 나라는 볼 수 있게 임하는 것이 아니다. 그러나 그 나라는 이미(already) "너희 안에 있다." 언뜻 보면 동문서답 같다. "사람이 거듭나지 않으면 하나님 나라를 볼 수 없다"고 니고데모에게 말씀하셨던 것처럼, 예수님은 흔히 이런 방식으로 우리가 꿈도 꾸지 못하던 진리를 보도록 도전하신다.

여기서 '너희 안에'를 뜻하는 헬라어 '엔토스'(*entos*)는 일반적으로 '속으로' 또는 '안에'라는 의미를 가지고 있는데, 여기서는 너희 '가운데'라는 의미로도 볼 수 있다. 즉 바리새인들 가운데 서신 예수 그리스도 자신을 통해 하나님 나라가 임할 것이라는 뜻이다. 예수님이 그들 가운데 있음으로 인해 하나님의 나라는 그들 중에 이미 있다. 이 나라는 구주로 오신 예수님의 초림과 그의 사역으로 이미 시작되었고, 궁극적으로 심판주로 오실 그리스도의 재림과 더불어 완성될 나라다.

이런 사실은 바리새인들과의 또 다른 논쟁을 통해 더욱 분명하게 드러난다. 예수 그리스도가 바알세불의 힘을 빌어 귀신을 내쫓는다고 트집을 잡던 자들과의 논쟁이 그것이다. 분쟁하는 집이 설 수 없듯이 사탄끼리 싸우는 일은 없다. 그렇다면 남은 가능성은 사탄보다 더 힘이 센 누군가가 역사하고 있는 것이다. 즉 타락 이후 처음으로 하나님의 영이 통치하시는 역사가 이루어지고 있는 것이다. "내가 만일 하나님의 성령을 힘입어 귀신을 쫓아내는 것이면 하나님 나라가 이미 너희에게 임하였느니라"(마 12:28).

타락 이후 사탄이 지배하던 질서는 물러가고 새 질서가 임했다. 타락 이후 세상을 지배하던 사탄이 그 파괴적인 권세를 잃었다. 창조 질서와 본래의 모습을 회복하는 새로운 권세에 쫓겨 가기 시작했다. 이제 전세가 역전되었다. 이전의 질서인 '죽음, 억눌림, 파괴, 질병'과는 다른 '회복, 생명, 자유'의 힘이 서기 시작한 것이다. 이것은 예수님의 수많은 치유 이적이 '사탄의 권세로부터의 놓임'과 연관이 있다는 사실에서 확인할 수 있다. 이것은 예수님이 세례 요한에게 주신 증거의 말씀(마 11:4-5)에도 나타난다. 그의 사역과 그의 나라의 근본은 '회복과 재창조'이다.

:: 아직 기다려야 할 나라

하나님의 나라는 왕이신 예수 그리스도의 초림과 더불어 임했다. 그러나 그분의 초림은 월터스의 설명처럼 "창조계 안에 그분의 발판을 세운 것"일 뿐이어서, 예수님은 주기도문에서 "그 나라가 임하기"를 기도하라고 가르치셨다. 아직은(not yet) 당신의 나라가 온전히 임한 것이 아니기 때문이다. 이 나라는 예수님의 재림으로 완성될 것이므로 아직 기다려야 할 나라다.

오스카 쿨만은 이 사실을 전쟁의 과정에 비유한 바 있다. 즉 전쟁의 궁극적인 승리는 전세를 좌우하는 결정적인 전투에서 이미 결정된다는 것이다. 물론 그 최후의 승리의 날까지는 많은 시간이 흘러야 할 경우들이 있다는 사실을 전제한다(Oscar Cullmann, *Christ and Time*, p. 84, 「그리스도와 시간」, 나단 역간). 「창조·타락·구속」의 저자 월터스는 쿨만의 이 비유를 좀더 자세히 설명하고 있다. 그는 쿨만이 말하는 결정적인 승리를 제2차 세계대전의 최대 전환점인 D-day에 비교했다. "역사상 가장 길었던 날"이라 불리는 1944년 6월 6일이 바로 그 날이었다. 영화 "지상 최대의 작전"(The Longest Day)이나 "라이언 일병 구하기"(Saving Private Ryan)가 그 날의 역사를 생생히 재현해 냈다. 전쟁 초반 연합군은 나치 독일에 밀려 후퇴를 거듭했다. 그러다 연합군은 이 날 프랑스 노르망디 해안에 대규모 병력을 상륙시키는 데 성공했다. 전세는 역전되어 승리를 향한 걸음이 시작된 것이다(Albert Wolters, *Creation Regained*, p. 60).

물론 상륙 작전이 성공했다고 해서 전쟁이 끝난 것은 아니었다. 수세에서 공세로 전환한 연합군은 그 후에도 지난한 소탕전을 벌여야 했다.

승리의 계기는 확보되었지만, 많은 병사들이 기대한 것처럼 크리스마스까지 고향에 돌아갈 수 있었던 것은 아니었다. 그 해 겨울 유럽 각처에서 참혹한 전투가 벌어졌다. 최후의 승리는 거의 1년 후인 1945년 5월 7일에야 이루어졌다. 아시아에서 일본이 항복하기까지는 석달 가량의 시간이 더 지나야 했다. 이처럼 D-day에서 V-Day까지는 간단치 않은 과정이 있었다.

마찬가지로 하나님 나라는 그 완성을 아직 기다려야 할 나라다. 예수 그리스도가 죽으시고 부활하셔서 "뱀의 머리"가 부서졌다. 사망 권세를 깨뜨린 그 날 D-day에 비교할 만한 승리가 이루어진 것이다. 그러나 그리스도가 재림하시는 날에야 완전한 승리가 있을 것이다. 세상에 대한 그의 주권이 그 때가 되어야 비로소 온전히 회복될 것이다. 우리가 지금 사는 세계는 그리스도의 초림과 재림 사이의 '종말론적' 시대 즉 '말세'로, 이 시기는 매우 특수한 과도기적 시대다.

「창조·타락·구속」의 저자 월터스는 캐나다에 살고 있다. 그는 네덜란드 태생으로 어린 시절 나치 독일의 점령하에 산 경험이 있는 사람이다. 나는 그에게서 자신의 부모가 집안에서 유태인들을 숨겨 주었던 경험을 들은 적이 있다. 아주 어린 시절이었으나 아슬아슬했던 그 기억을 지금도 잊을 수 없다고 했다. 그 경험은 노르망디 상륙 작전 소식을 접한 후에도 수개월 간 계속되었다고 했다. 그는 이 경험을 예로 들어 오늘날 그리스도인의 삶의 현주소, 즉 이미 천국이 임했으나 아직도 기다려야 하는 과도기를 설명하곤 한다.

:: 하나님 나라에 대한 바른 견해

하나님 나라가 임하는 시기에 대해 조바심을 품은 것은 그 옛날 유대인들만이 아니었다. 오늘날 우리 주변에도 그런 사람들이 간혹 있다.

1992년 10월, 다미선교회를 중심으로 재림의 소문이 퍼져 일반 언론까지도 관심을 가질 정도로 사회 전체가 떠들썩한 적이 있었다. 그 날이 되자 일부 사람들은 흰 옷을 입고 한 곳에 모여 재림을 기다렸다. 불행인지 다행인지 몰라도 그 일은 일어나지 않았다. 하지만 재림이 불발한 후에도 여전히 그런 미망(迷妄)은 일소되지 않았다.

재림과 함께 있을 하나님 나라의 도래가 성경적 비전의 절정인 것은 틀림없다. 하지만 그것은 기다려야 할 미래의 사건으로서만 중요한 것이 아니라 현재의 삶에서도 중요하다. 이런 이해가 없으면 삶이 잘못되기 쉽다. 하나님 나라에 대해 잘못된 관점은 항상 신앙과 삶을 왜곡하는 원인이 되었다는 것은 교회사에서도 찾아볼 수 있는 교훈이다.

예를 들어 '이미 임한 나라'만 강조하면 현세적이 된다. 그것은 자칫 혁명적인 세계관으로 이어진다. 해방 신학과 민중 신학이 이런 성향을 가지고 있다. 이런 신학은 그 나라의 시민을 '혁명의 주체로 간주되는 가난하고 억눌린 자'와 동일시하여 배타적인 성향을 드러낸다. 반면 '아직도 기다려야 할 나라'에만 관심을 집중하는 경우에는 내세적이며 비현실적인 신앙의 원인이 될 가능성이 크다. 그들에게는 이 세상이 오로지 내세를 위한 대기소일 뿐이다. 흔히 이단에서 "그 날과 그 시"를 예고하는 경우가 그 극단적인 예가 된다.

재림의 때가 중요한 것이 아니다. 예수님도 이 점에 그다지 중요성을 부여하시지 않았다. 예수님이 부활하신 후 승천하시기 직전까지도 제자들은 계속해서 하나님 나라가 언제 임하느냐고 물었다. 그러나 예수님은 그것은 하나님께 달린 것이므로 거기에 너무 집착하지 말라고 하시고는, 오히려 그 날이 이르기까지 해야 할 일에 대해서 당부하신다. "성령이 임하시면 땅끝까지 복음을 전하라." 종교 개혁자들은 이런 진리에 따라 "내일 재림이 있을지라도 오늘 한 그루의 사과나무를 심겠다"는 생각을 가졌다.

역사적으로 잘못된 천국관의 대표적인 예는 재세례파에게서 찾을 수 있다. 재세례파의 천국관은 처음에는 혁명적이었다. 이미 임한 나라에 초점을 맞추고 있었기 때문이다. 중세 말, 혼란스러운 사회상은 이미 임한 하나님 나라를 혁명으로 성취해야 할 것처럼 보였다. 간헐적으로 일어났던 급진적 종교 개혁(Raidcal Reformation)은 이런 배경을 가지고 있다. 그러나 그 가운데 특히 농민 혁명은 가톨릭뿐 아니라 개신교로부터도 극심한 협공을 받는 비참한 결과를 낳았다.

그 중에서도 매우 극단적인 사건은 1534년 독일 서북부에서 일어났다. 일단의 재세례파가 뮌스터를 함락한 후 그 곳을 새 예루살렘으로 명명하고 신정을 펼쳤다. 그러나 천국을 이루려는 과격한 개혁으로 도시는 곧 혼란에 빠져들었다. 예를 들면, 미혼 여성을 모두 결혼시키다 보니 남성이 모자라 일부다처제를 도입한 것이다. 이런 소식에 분노한 신구교 연합군의 공격에 1년여 만에 도시가 함락되고 지도자들은 생포되었다. 뮌스터 시청 앞 교회의 첨탑에는 지금도 그들을 새처럼 가두어 굶겨 죽인 철창이 달려 있다. 혼란기의 역사에 대한 실물 교육인 셈이다. 어쨌든 이런 사건 이후 재세례파는 급진주의를 버리고, 정반대로 은둔과 내세적 신앙으로 돌아섰다. 이미 임한 천국에 대한 과도한 열심은 천국을 기다리는 소망과는 전혀 다르게 보인다. 하지만 어느 쪽이건 극단적인 것은 통하는 데가 있게 마련인 모양이다.

이런 역사적 교훈에 비추어 우리의 천국관을 점검할 필요가 있다. 흔히 보수적 신앙인에게서 나타나는 지나친 내세적 천국관도 주의해야 한다. 그것은 무책임하고 수동적인 시각을 갖게 하기 때문이다. 또한 천국을 종말론적 미래로 국한시킨다면 하나님 나라의 현재성과 실재성을 사실상 부정하는 것이 되고 만다. 세대주의자들의 천년 왕국이나 휴거를 기다리는 신앙이 이런 유에 근접한다. 반면, 진보적 신앙인에게는 인본주의적 유토피아와 하나님 나라를 동일시하는 경향이 있다. 즉 민주주의건 사회주의건 특정 형태의 정치 체제나 문화를 그 나라와 동일시하게 되는 것이다.

:: 천국 비유들의 교훈

나는 예수님의 천국 비유에 이 시대를 살아갈 지혜가 담겨 있다고 믿는다. 그 비유들이 지금 우리가 사는 과도기의 특수성을 잘 설명해 주기 때문이다. 우선 하나님 나라의 과도기적 속성은 열 처녀 비유(마 25:1-13)와 달란트 비유(14-30절)에서 잘 볼 수 있다. 나란히 기록된 이 두 비유는 절묘한 한 쌍이다. 첫째 비유는 아직도 기다려야 할 천국에 관한 것이고, 둘째 비유는 하나님 나라 일꾼의 자세에 관한 것이다. 전자는 정적이고, 후자는 동적이다. 첫째 비유는 더디 오는 천국을 수동적으로 기다리는 자세에 대해 말한다. 후자는 이미 주어진 실체로서의 천국을 위해 능동적으로 일하는 자세에 대해 말한다.

한편, 겨자씨 비유(31-32절)는 작지만 강한 생명력을 가지고 성장하는 천국의 역동성을 보여 준다. 또 천국이 결국에는 세상을 품고 휴식처를 제공할 것임을 곁들여 보여 준다. 누룩 비유(33절) 역시, 보이지 않을 정도로 작으나 큰 영향력을 가진 천국의 모습을 부각시키고 있다. 가루서 말이면 결코 적은 양의 반죽이 아니다. 굉장히 큰 규모다. 거기에 섞는 누룩은 한 숟갈 정도지만 잘 섞여 발효가 시작되면 반죽 덩어리 전체에 퍼진다. 발효가 잘못된 반죽은 딱딱한 돌덩이가 되겠지만 전체가 발효된 반죽은 잘 부풀어서 보기만 해도 군침이 도는 맛있는 빵이 되는 것이다. 이처럼 천국은 맛없는 이 세상 전체를 근본적으로 변화시키는 능력으로 탁월하게 묘사되고 있다.

숨겨진 보화를 발견한 농부의 비유(44절)는 천국의 비밀을 아는 사람이 전적으로 헌신하게 마련이라는 사실을 보여 준다. 귀한 진주를 발견한 상인(45절)도 마찬가지다. 등장 인물들이 다소 얄팍하게 비칠 수 있는 비유이나 교훈은 단순하다. 숨겨진 보물을 발견한 사람은 그것을 얻기 위해 어떠한 희생이건 감수하게 마련이라는 것이다.

마지막으로 가라지 비유(24-30절)를 생각해 보자. 그것은 온갖 방해와 어려움 속에서도 자라 가는 천국을 보여 준다. 또한 그런 상황에 하나님이 어떻게 대처하시는지 알게 해준다. 어떤 작가는 '하나님이 왜 죄와 악을 방치하고 계시는가'라는 질문에 대한 답을 이 비유에서 찾았다. 그는 이 세상을 가라지 같은 사건 사고가 가득한 곳으로 보았다. 하나님이 최선을 다하시지만 사탄도 줄기차게 훼방한다. 이 비유는 하나님이 그것을 일거에 처리하지 않으시고 왜 오래 참으시는지 보여 준다는 것이다. 그는 이렇게 결론을 맺는다. "오늘 밤 하나님이 모든 가라지를 뽑으시면 당신은 과연 내일 아침 살아 있을 자신이 있는가."

나와 함께 공부했던 캐나다 친구도 이 비유에 대해 불평하던 것이 기억난다. 그는 대평원 지대의 농장 출신이었다. 그는 이 비유가 사리에 어긋난다고 느꼈다. 농사꾼의 입장에서 보면 가라지는 빨리 뽑을수록 좋다는 것이다. 심지어 그 친구는 예수님이 목수 출신이기에 농사에 대해 아무것도 몰라서 하신 말씀이 아니냐고 농담처럼 말하기도 했다. 농사를 그렇게 하면 망칠 것이 뻔한 일이기 때문이다. 사실 그 정도는 서울 한복판에서 자란 나도 아는 상식이다.

그 친구 생각처럼 이 비유를 농사에 관한 이야기로 받아들이면 도무지 이해할 수 없을 것이다. 모든 비유가 그렇지만 여기에도 고의적으로 주의를 환기시키기 위한 장치가 있다. 바로 농업 지식이나 상식에서 볼 때 의아해하지 않을 수 없는 부분이 그것이다. 이 비유는 결코 농사 이야기가 아니다. 하나님이 얼마나 인내와 사랑으로 역사를 주관하고 계신지를 보여 주는 비유다. 하나님 나라는 그분이 정하신 시간에, 그분의 방법으로 임할 것이다. 우리는 매일을 그 날이 올 것처럼 기다리는 자세로 살아가면 되는 것이다.

: : 천국의 비전과 역동적인 삶

우리 주변에는 실제로 이 비유들이 가르치는 진리를 따라 사는 이들이 있다. 내가 이 책을 헌정한다고 밝힌 바 있는 웨슬리도 그런 사람이다. 그는 자나깨나 기독교 세계관과 그것을 전파할 방법만을 생각한다. 그것을 위해 자신의 모든 것을 버린 사람이다. 그래서 그는 가진 것이 하나도 없다. 나는 그가 「무소유」라는 수필집으로 유명한 법정 스님보다 가진 것이 없을 거라고 확신한다. 그는 하나님 나라가 기독교 세계관과 기독교 교육 운동을 통해 확장된다는 것을 일찍이 발견한 사람이었다. 그는 자신이 발견한 것이 보물임을 알고 우리를 설득하는 데 자신의 전부를 투자했다. 그는 칠순을 넘긴 지금까지도 하수처리 엔지니어로 일하며 돈을 번다. 칠순 잔치에서 어떤 분이 한 말씀처럼 "그 많은 돈을 다 어디다 감췄는지" 알 수 없다. 하지만 나는 그가 모든 것을 던져 무엇을 샀는지 알고 있다.

오래 전 그가 캐나다로 나를 찾아온 적이 있었다. 북미 대륙 전역에 흩어져 있는 한국 유학생을 방문해 연결시켜 주려는 노력의 일환이었다. 그는 다른 사람이 몰았더라면 10리도 못 갔을 고물차로 그 일을 해냈다. 미국 동부에서 토론토로 오려면 그 유명한 나이아가라 폭포 근처에서 국경을 넘어야 한다. 그러나 그는 폭포에 들러 구경할 생각조차 하지 않고 곧장 달려왔다. 그리고 다시 뉴욕 주립 대학이 있는 시라큐스 시로 돌아갈 때도 마찬가지였다. 기독교 학문에 대한 열정이 너무나도 강해 다른 일에는 조금도 관심이 없었던 것이다. 세상 속에서 하나님 나라를 보는 사람의 눈은 이토록 남들이 쉽게 보지 못하는 것, 보여도 보려고 하지 않는 것을 보며 살아간다.

하나님이 만드신 대자연의 장관인 그 폭포가 돌아볼 가치가 없다는 말은 물론 아니다. 또한 웨슬리의 이야기가 별나서 감동적인 예화가 되는 것도 사실이다. 이런 일들을 보면서 우리는 하나님 나라를 바라본다고 하면서 사실은 코앞의 유익에 눈이 먼 것은 아닌지 돌아볼 필요가 있다. 천국 비전에 붙잡힌 사람은 그 나라와 의를 우선 순위로 두고 살아간다.

사람들이 말로는 천국이 좋은 곳이라고들 하지만, 실제로는 벌거벗은 영혼이 황량한 사막을 맴도는 곳으로 생각하지 않나 싶다. 할 일이라곤 허공을 떠다니며 "할렐루야" 찬양하는 것 외에는 아무것도 없는 곳 말이다. 안타깝게도 천국에 대한 상상력이 메마른 것은 오늘날 전 세계적으로 공통된 현상이긴 하나, 우리나라 그리스도인들의 천국 비전과 열정이 지난 30년 간 민주화나 민족 통일의 꿈에도 못 미칠 정도인 것은 치명적이다. 아프리카와 인도네시아의 정글을 헤치며 복음을 전하는 열정이 정작 우리나라에는 없었던 것이다. 전도하는 열심이 약했다는 말이 아니다. 전도의 열심은 강했고 그 결과 교회도 크게 성장했다. 그러나 독재와 부정 부패로 인권이 유린되고 경제 정의가 바로 서지 못하며 환경이 파괴되는 가운데, 공의와 샬롬을 그리는 비전은 약했던 것이다. 오늘날 한국 사회에서 기독교의 영향력이 크게 줄어든 이유 중 하나는 분명 여기에 있다.

하나님 나라는 우리의 상상을 초월하는 아름다운 곳이며 풍성한 곳이다. 자연과 문화가 최상의 조화를 이루는 곳이다. 샬롬이 온전히 이루어지는 낙원이다. 결코 지루하거나 무료하지 않은 곳이다. 거기에는 우리가 할 일이 있다. 인간의 의미와 목적이 바래지 않을 곳이다. 만약 그 사실을 알지 못한 채 거기에 간다면 기뻐서가 아니라 놀라서 기절할 것이라는 이야기는 농담만은 아닐 것이다. 하나님 나라에 대한 바른 비전은 삶에 진정한 활력을 준다. 이 비전이 우리의 안목을 세상에 매이지 않게 해준다. 우리의 안목은 이 비전을 통해 영원을 향해 열린다.

천국에 대한 생생한 비전을 갖는 것은 매우 중요하다. 그것은 결코 죽음에 임박해서야 힘을 발휘하는 것이 되어서는 안 된다. 그것은 일상생활의 활력이어야 한다. 천국은 결코 "그림의 떡"이 아니다. 그것은 현재와 미래에 모두 생생한 실체다. 천국을 바라며 사는 사람은 결코 무기력할 수 없고, 비현실적일 수도 없다. 하나님 나라에 소망을 두고 사는 사람의 현실이 부실할 수 없다. 오히려 죽음과 함께 스러질 것에 소망을 둔 사람보다 훨씬 역동적인 삶을 영위해야 마땅하다.

제10장
하나님 나라 백성의 삶

:: 천국 소망과 더불어 사는 하루

철학 선생인 나는 공부하고 가르치는 것이 하나님 나라의 일이라고 믿는다. 그런데 그 일이 늘 '은혜'가 넘치는 것은 아니다. 내가 읽어야 하는 책들은 난삽하기 그지 없고, 대부분 기독교 세계관과 거리가 먼 책들이다. 그 중 어떤 고약한 것들은 하루 종일 10쪽을 넘기지 못하게 할 때도 있다. 그렇지만 다음 날 아침부터 또다시 기꺼이 그 책을 펼쳐 든다. 그런 씨름을 통해 작게나마 학문과 실생활에 기여할 수 있는 무엇을 얻을 수 있다고 믿기 때문이다.

내 강의도 '은혜롭기'보다는 머리 아픈 경우가 더 많을 것이다. 세상에 쉬운 공부가 없다지만 "철학사", "세계관", "문화 연구" 등 제목부터 만만치 않다. 게다가 나는 수업 중에 졸거나 집중하지 않는 학생을 그냥 내버려 두지 못해서, 반드시 깨우거나 주의를 주어 함께 공부하도록 극성을 떨곤 한다. 비록 성경이나 신학이 아닌 '세속' 철학을 가르친다 해도 마찬가지다. 그 일을 통해 하나님의 나라를 확장하고 있다고 믿기에 학생들에게도 같은 마음으로 수업에 임하기를 틈틈이 당부하는 것이다.

한번은 수업 준비를 하다보니 새벽 2시가 되었다. 아침 첫 수업이라 일찍이 출근해 수업에 들어갔다. 강의를 하다 보니 뒷자리에 자는 학생이 있었다. 깨워서 꾸중을 하기 시작했다. 늘 하던 대로, 우리 모두가 여기서 하나님 나라를 확장하고 있는데 너는 어찌 잘 수 있느냐며 호통을 쳤다. 새벽까지 본인이 수업을 준비한 일도 들먹였다. 그런데 야단이 지나쳤는지 그 학생이 충격을 받아 휴학하고 군대에 가버렸다. 그러고는 군에서 내게 편지를 보내왔다. 반드시 철이 들어 돌아가 열심히 공부하겠노라고. 나를 원망하는 대신 진심을 이해해 준 것이 정말 고마웠다.

그런 식으로 극성을 떨다보면 종종 피곤해지곤 하는데, 하루 일과를 마치고 저녁 늦게 다른 일이 기다리고 있을 경우에는 더 그렇다. 대개 교회나 학생들 모임에 강의를 하거나 봉사하는 시민 단체 회의에 가는 일인데 늘 가벼운 기분만은 아니다. 늦은 귀가로 가족들에게 미안한 것은 접어 두고라도 꼭 이 일들도 해야 하느냐는 생각이 들기 때문이다. 귀가길, 거쳐가는 지하철 역이 산본까지 30개가 넘는 경우는 정말 싫다. 부산이라면 여행한 셈이라도 치겠는데 수도권의 지하철은 솔직히 오가기가 너무 힘들다. 그런 때 나는 하나님 나라를 위해 시간 외 자원 근무를 하고 있다고 자위하곤 한다. 물론 짐을 나누어질 사람이 많으면 좋겠다는 바람도 가져 본다. 우습지만, 한편으로는 하나님 나라에서 얻을 기업이 조금 더 클 것이라는 꿈을 꾸어 보기도 한다.

한때 살 소망이 없어 어깨가 처져 있던 나였다. 매사에 자신 없고 의욕도 없던 사람이었다. 그랬던 내가 이렇게 변한 까닭은 오직 하나, 하나님의 은혜가 전부다. 저항하는 죄인도 사랑하심을 깨달은 것이 은혜의 시작이었다. 그러나 그것이 전부가 아니었다. 하나님 나라의 소명과 비전은 삶에 열정을 불어 넣었다. 그 후에도 실패는 있었으나 절망은 없었다. 슬픔도 있었지만 위안은 더욱 컸다. 지쳐서 잠에 들더라도 깰 때는 늘 소망으로 충전되었다. 구속의 은총과 천국의 비전 외에 다른 무엇으로 이런 변화가 가능한지 나는 알지 못한다.

:: 믿음, 소망, 인내: 과도기의 덕목

앞의 이야기 역시 내게만 국한된 것은 아닐 것이다. 많은 그리스도인들이 비슷한 경험을 하면서 살 것이라고 믿는다. 그들 역시 믿음과 소망의 비전이 빛나는 중에도 피곤하고 힘들 때가 있을 것이다. 그것은 우리가 '이미와 아직'이라는 공식으로 포착할 수 있는 특이한 시기에 살고 있기 때문이다. 이 과도기는 우리에게 믿음과 소망에 근거한 삶을 요구한다. 성도들은 믿음으로 하나님 나라의 실상을 지금 여기서 경험하며 살아간다. 아울러 소망 중에 아직도 임할 그 나라를 기다리며 살아간다. 이 소망은 믿음의 표현이다. 천국 비전은 믿음의 뿌리에서 자라는 나무다.

히브리서 11장은 이 비전을 품은 이에게 너무도 친숙한 풍경을 담고 있다. 노아와 아브라함 그리고 모세를 생각해 보라. 그들의 안목은 근본적으로 같았다. 노아는 구름 한 점 없는 마른 하늘 아래서 세상을 덮을 홍수를 보았다. 물론 그 너머로 새 땅도 보았다. 아브라함은 평생 가나안을 방랑하면서 하나님이 주실 땅을 보았다. 그의 생애 마지막까지 실제로 소유했던 유일한 땅은 자신의 무덤뿐이었는데도 말이다. 게다가 혈육 하나 없는 상황에서 하늘의 별과 바닷가의 모래와 같이 무수한 자손을 보았다. 모세는 노예로 전락한 민족을 앞에 두고 영광스러운 메시아 왕국을 보았다. 홍해와 시내 광야를 넘어 그 나라를 보았다. 무엇보다 이들은 "믿음으로…보이지 아니하는 자를 보는 것같이 하여 참았다"(27절). 믿음과 소망은 그들에게 인내할 힘도 주었던 것이다(히 10:36).

이들뿐 아니라 거기 열거된 성도들 모두 믿음으로 과거와 현재, 미래를 보는 삶을 살았다. 세상은 보는 것을 믿지만, 이들은 믿음으로 눈에 보이지 않는 것을 보는 사람들이었다. 믿는 것을 보는 비전은 시력보다 훨씬 강했다. 그리고 그 비전을 따라 걷는 발걸음에는 확신이 있었다. 그들은 하나님이 지으실 성(城)을 바라고 세상에서 나그네와 이방인임을 자처하며 방랑하는 생활을 마다하지 않았다. 세상의 어떤 현실적 어려움이나 환란과 핍박, 심지어 죽음도 이들의 시야를 가리지 못했다. 의심과 불안이 이들의 걸음을 흐트러뜨리지 못했다. 이들은 과연 "세상이 감당치" 못할 사람들이었다.

이들이라고 눈앞에서 벌어지는 상황에 대해 두려움과 근심이 없었을 리 없다. 자신이 무엇을 해야 할지 또 그 일에 대한 확신이 없을 수도 있었을 것이다. 그들도 우리와 같은 연약한 사람이기 때문이다. 그럼에도 불구하고 그토록 강하고 담대할 수 있었던 이유는 믿음의 안목 때문이었다. 그들은 멀리서나마 끝을 보고 있었다.

제한된 역사의 한 시점에 살면서도 자신있게 행동한 이들의 자세에 대한 톰 라이트(N. T. Wright)의 예는 적절하다. 그것은 일부가 소실된 채 발견된 셰익스피어의 잃어버린 극본에 대한 상상이다. 본래 6막으로 된 극본 중 1-4막과 6막은 온전했다. 하지만 5막은 첫부분 몇 페이지만 있고 나머지는 분실된 것이다. 하는 수 없이 배우들은 앞뒤 극본을 잘 읽고 그에 준해서 분실된 부분을 연기하는 수밖에 없었다. 오늘을 살아가는 성도들의 삶 역시 이와 비슷하다는 것이다. 우리는 이 세상이 어떻게 오늘에 이른 줄 안다. 그리고 천국의 비전은 그것이 어떻게 회복될 것인지 보여 준다. 그러나 눈앞의 삶은 구속 역사와 천국의 비전에 비추어 보며 살아가야 한다. 그것은 상당한 상상력을 요구한다. 물론 그 상상력은 구약으로부터 히브리서 11장에 이르는 이들의 삶의 모습에 근거한 것이다(Michael W. Goheen, *The Drama of Scripture*, p. 197).

해석의 근본 원리는 전체와 부분 사이의 의미 순환이다. 글을 읽을 때 우리는 문장의 의미를 단락 속에서 좀더 분명히 파악한다. 물론 글의 전체 의미 속에서 각 단락과 장들의 의미가 온전해진다. 한편 전체의 의미는 다시 작은 단위들의 의미가 모이고 소통하는 순환 속에서 형성된다.

마찬가지로 우리 개개인의 이야기는 하나님의 큰 이야기의 일부분일 뿐이어서, 전체에 비추어 보아야 비로소 온전한 의미를 발견할 수 있다. 좀 더 크게 본다면 우리가 사는 시대의 의미 역시 마찬가지다. 창조와 타락과 구속을 통해 이루어지는 하나님의 섭리 속에서 우리 시대의 작은 이야기들은 의미를 가지게 된다. 각 개인이 살아가는 의미 역시 하나님의 큰 이야기 속에서만 진정한 의미를 발견할 수 있다.

앞서 나는 읽기 힘든 철학서들과 씨름하는 이야기를 했다. 정말 어떨 때는 읽다가 그만 포기하고 싶은 책들이 있다. 박사 학위를 위해서 공부했던 가다머라는 철학자의 주저인 「진리와 방법」(*Wahrheit und Methode*)이라는 책도 그랬다. 500쪽이 넘는 대작인 이 책은, 책을 읽은 모든 사람의 말처럼, 마지막에 가서야 무슨 이야기인지 느낌이 오는 난해한 텍스트이다. 나도 그 책을 처음 읽을 때 무척이나 힘이 들었다. 읽고 또 읽고, 그렇게 한 줄 한 줄 열심히 읽은 것은, 다 읽고 나면 그것이 무슨 의미인 줄 알게 되리라 믿었기 때문이다. 그것은 분명 믿음과 소망 그리고 인내를 필요로 하는 작업이었다. 내 경험으로 볼 때, 언제나 읽을 만한 가치가 있는 책들은 무던히도 그 세 가지 덕목을 요구하는 것이었다.

:: 영생을 미리 맛봄

히브리서의 성도들이 그토록 굳건하게 인내할 수 있었던 것은 믿음에서 비롯된 소망 때문이었다. 그러나 그것은 마치 생일을 위해 한 달을 굶는 것과 같은 무모한 것은 아니었다. 왜냐하면 그들은 이미 소망하는 바를 맛보며 살았기 때문이다.

믿음은 "바라는 것들의 실상이요 보지 못하는 것들의 증거"라는 말의 의미가 그것이다. 그들에게 약속은 이미 손에 잡은 것처럼 확실한 "실상"(substance)이었다. 실상이라는 의미의 헬라어 '휘포스타시스'(*huipo-*

stasis)는 가장 분명하고 근본적인 실체 또는 본질을 가리킨다. 이렇듯 믿음의 사람들은 바라는 바의 실체 또는 실질을 이미 가진 사람들이었다.

이러한 모습은 옛날이나 지금이나 마찬가지다. 흔히 구약을 '그림자'라 하고 신약을 '실체'라고 하는데 이것은 신약과 비교해서 그런 것이지, 그림자라 해서 내용 없는 껍데기라는 뜻은 아니다. 구약 시대에 살았던 사람들의 삶의 내용을 보면 그것을 알 수 있다. 그들은 우리처럼 예수님을 이름으로 알지 못하고 예언으로만 알았지만, 우리 못지않게 메시아를 믿고 구원의 실상을 맛보고 살았다. 마찬가지로 신약 시대에 사는 우리는 지금 보지 못하는 영생의 약속을 기다리며 산다. 그러나 이 세상에서 약속된 영생을 미리 맛보며 살 수 있다. 이것이 신학에서 말하는 "미리 맛봄"(foretaste)의 의미다.

내가 어렸을 적에는 동네에 엿장수가 있었다. 손에는 철컥철컥 소리 나는 커다란 가위를 들고 다니며 엿을 팔았다. 가위 소리를 듣고 모여든 아이들에게 어른 손톱만큼씩 엿을 잘라 맛을 보게 해주었는데, 작은 조각이지만 일단 입 속에 들어가면 그냥 볼 때와는 달리 힘이 있었다. 아이들은 당장 집으로 달려가 엿과 바꿀 수 있는 것을 찾아 들고 나오게 마련이었다. 나도 한번은, 아직 쓸 만한 국자를 일부러 망가뜨려 엿을 바꾸어 먹었다가 어머니께 들켜 엄청 혼이 난 적이 있다.

그리스도인들은 이미 천국을 맛본 사람들이다. 맛을 본다는 것은 현실적이며 구체적인 체험을 말한다. 그런 종류의 체험은 남의 이야기를 듣거나 보는 2차 경험과는 질적으로 다르다. 천국의 복을 맛본 사람이 그것을 더욱 갈구한다. 「반지의 제왕」(*The Lord of the Rings*, 씨앗을뿌리는사람 역간)을 쓴 톨킨(J. R. R. Tolkien)의 말처럼 우리의 궁극적인 기쁨은 "이 세상의 벽 저 너머"에 있다. 궁극적 희락은 우리가 사랑하는 것들―그것이 사람이건 직업이건 어떤 물건이건―그 자체로부터 오는 것이 아니다. 진정한 행복은 그들을 통해서 올 뿐이다. 세상의 좋은 것들은 그 자체로도 선한 것이지만 그것은 결국 "저 위에 있는 것"과 "저 너머"를 가리킨다. 오늘을 사는 그리스도인은 저 위와 저 너머에 있는 것을 미리 맛보며 그것을 증거하는 이들이다.

천국의 약속에 대한 믿음은 보증금과도 같다. 보증금은 단순히 구두로 한 매매 계약과 달리 현찰 거래의 가치가 있다. 이와 같이 우리가 예수 그리스도의 말씀을 믿음으로 갖게 되는 소망은 실제적인 가치가 있다. 우리는 그 실상으로, 현재의 삶을 헤쳐나갈 용기와 평안을 삼는다. 그뿐 아니라 그 맛을 이미 본 사람으로서 그것의 완성이 어떠할지를 진심으로 기다리며 나아가는 복된 기다림 속에 살게 되는 것이다.

믿음의 눈으로 보는 실상은 비전이다. 그것은 확실한 것이다. 하지만 이루었다고 자랑할 수 있는 업적이 아니다. 은혜로 주어질 것을 바라며 현재에 주어진 소명을 성실히 행하는 근거요 동기다. 바울의 말처럼 뒤에 있는 것은 잊어버리고 푯대를 향해 달려갈 따름이다. 선한 일꾼이라 부르시며 상 주실 이는 하나님뿐이시다. 그러나 비전은 단지 미래만을 위한 것은 아니다. 그것은 약속인 동시에 확실한 실체가 있는 것이다. "믿음은 바라는 것의 실상"이다. 모든 신실한 성도는 천국을 미리 맛보며 살았다. "영생을 맛보며 주안에 살리라. 오늘도 내일도 주 함께 살리라." 찬송가 493장에 나타난 이호운의 고백은 바로 이 진리를 노래한 것이다.

:: 소명과 문화의 변혁

하나님 나라의 축복을 누리며 완성을 기다리는 사람은 구속 역사의 동참자로 살아간다. 이들은 "죄 많은 이 세상은 내 집 아니라"는 고백이 왜 충분하지 않은지 잘 안다. 이들은 또한 「천국만이 내 집은 아닙니다」(*Heaven Is Not My Home*, IVP 역간)라는 책 제목이 무엇을 뜻하는지 잘 알고 있다. 무엇보다도 "받은 복만 세는" 자세로는 그리스도인의 사명을 제대로 감당하기 어렵다는 사실을 아는 이들이다. 이들은 성도가 진정으로 바라고 추구해야 할 참 복이 무엇인지 분별할 줄 안다. 오늘날 이 땅에서도 주로 미국에서 건너온 "건강하고 부자 되는 복음"(health and wealth gospel)이 인기를 누리고 있는데, 이는 기복 신앙과 크게 다르지 않다. 참된 천국 비전을 가진 이들은 그것이 얼마나 왜곡된 환상인지 꿰뚫어 볼 줄 안다.

바른 비전을 가진 이들은 하나님 나라의 회복을 위해 일하는 사명자로 살아간다. 그들은 세상이 주는 쾌락과 재미에 탐닉하지도, 세상으로부터 도피하지도 않는다. 기도나 묵상을 위주로 하는 명상에만 빠지지도 않는다. 이들은 월터스토프의 말처럼 "세계 형성적 신앙"을 갖고 있다. 어떤 이들은 자신이 신의 성품을 담는 하나님의 그릇이기를 추구한다. 그러나 이들은 한걸음 더 나아가 하나님의 손에 잡힌 도구이기를 소원하며 산다.

바로 여기에 제자도의 참 의미가 있다. 제자란 자기 자신만 훈련하는 이가 아니다. 하나님의 뜻대로 세상도 변화시키려 노력하는 자다. 하나님 나라를 기다리는 최선의 방법은 부르심을 따라 그 나라를 위해 일하는 것이다. 우리는 단지 하나님이 부르신 직업에 머무는 것만으로 하나님께 영광 돌릴 수 없다. 그 직업을 통해, 받은 사명을 어떻게 감당하느냐가 더 중요하다. 하나님 나라는 특히 부르신 소명을 신실히 감당함으로써 더욱 가까워진다. 어떤 사람과 가장 가까워지는 방법은 함께 살고 더불어 일하는 것이다. 마찬가지로 우리가 하나님의 뜻을 행할 때 그분을 가장 잘 알게 된다.

구속 역사에 동참하는 사명은 문화 변혁이라는 구체적인 회복 활동으로 나타난다. 하나님 나라는 자연에만 임하는 것이 아니라 문화와 사회 속에도 임해야 한다. 문화와 사회는 인간의 의지와 결정 그리고 행위의 결과이다. 타락한 문화와 사회는 복음에 기초를 둔 변혁을 통해 회복되어야 한다. 한 선교학자의 지적처럼 그리스도는 결코 문화의 손님으로 임하시지 않는다. 그는 문화의 변혁자로 오신다. 아니면 심판주로 임하신다.

그리스도인은 문화의 누룩이다. 천국 비전을 토대로 한 문화 변혁 운동은 결코 생크림 케이크처럼 이미 만들어진 문화에 겉칠만 하는 식으로 작용하지 않는다. 세상의 논리와 요소를 재료로 하여 구운 빵 위에 신앙을 씌우는 식으로는 기독교 문화를 이룰 수 없다. 복음을 통한 변혁은 언제나 내부로부터 근본 원리가 변화되는 것, 즉 문화와 삶의 근본과 전제조건이 변하는 것이다.

간혹 문화의 변혁을 꿈꾸는 이들 가운데 정도가 지나친 경우도 있었다. 변혁보다 혁명을 꿈꾸며, 작은 성과에 도취되어 금세 천국을 실현할 것처럼 행동하는 것이다. 개혁주의자들은 소위 승리주의라 불리는 이런 유의 잘못을 경계해야 한다. 믿음 안에서 주어지는 하나님 나라의 메시지는 비전을 제시한다. 그것은 대부분의 경우 아직 실체가 아니다. 이 점을 혼동해서는 안된다.

이미 임했으나 아직도 올 천국을 기다리는 이 시대는 불확실성의 때이다. 모든 역사의 과도기가 그러듯이 우리가 살아가는 이 종말론적 시대 역시 매우 혼란스럽고 불안정하다. 믿음과 소망을 통해 비전을 소유한 자만이 흔들리지 않고 든든히 서서 소명을 다할 수 있다. 군사 독재 시절 민주화 투쟁을 했던 한 전직 대통령은 다음과 같은 유명한 말을 남겼다. "닭의 목을 비틀어도 새벽은 온다." 세상적인 변혁을 꿈꾸는 사람도 이만한 비전과 확신을 가지고 암담한 현실을 헤쳐 나가며 모든 역경과 박해를 감수하는데, 과연 우리의 소망이 이보다 더 밝고 강력한지 점검해 보아야 할 것이다.

:: 빛의 도성

여기서 이 시대에 하나님 나라를 구현하는 일에 대한 이야기를 들어 보는 것이 도움이 될 것이다. 리처드 마우(Richard Mouw)의 「현재의 문화와 미래의 천국」(*When the Kings Come Marching In*, 두란노 역간)는 하나님 나라에 대한 생생한 비전을 제시한 바 있다. 그는 특히 이사야 60장에 나오는 천국 도시에 대한 예언을 토대로 그 비전을 그려 내고 있다. 이 나라는 40장의 예언처럼 그들의 죄악 때문에 진노하셨던 하나님이 그 심판을 마치고 은혜를 내리신 결과를 보여 준다. 이 도시는 요한계시록에 나오는 새 하늘과 새 땅의 예고편과도 같다. 그것은 새 예루살렘의 원형이다. 그 비전의 핵심은 이 하늘 도시의 모습이 현재의 문화와 어떤 관계가 있는가 하는 것이다. 그 관계는 다음과 같이 요약할 수 있다.

마지막 날 완성될 하나님 나라는 분명히 슬픔이나 고통이 없는 곳이다. 사자와 양이 함께 누울 수 있는 샬롬의 터다. 독사 굴에 아이가 손을 넣어도 해를 당하지 않는다. 이런 전원적인 모습에서 '평강'이 강조되고 있다. 한편, 하나님 나라는 매우 번화한 모습을 가지고 있다. 천국은 결코 영혼들만 배회하는 황량한 공터가 아니다. 현재 문화의 산물들도 거기로 들어갈 것이다. 이 세상은 마지막 날에 모두 불타 없어지지 않을지도 모른다. 어쩌면 그 불은 정화하는 불이지 파괴하는 심판의 불은 아닌 듯 보인다. 마치 용광로의 불이 정금은 순화하고 찌꺼기는 태우는 것처럼, 잘못된 문화가 녹아 그 본래의 모습을 되찾고 바른 문화 건설을 위한 자료가 된다. 온전한 재활용이 이루어지고, 잘못된 기능이 고쳐질 것이다.

이사야는 심지어 그 나라를 상업의 중심지인 양 그리고 있다. 땅의 왕들이 세상의 보화를 가지고 거기에 들어오는 모습을 조명한다. 다시스의 배들이 거기로 와서 세상의 온갖 귀한 것들을 하역하는 것이다. 이 나라는 범세계적이며, 다양한 문화가 거기 모일 것이다. 그것들이 모여 갈

등과 차이로 긴장을 빚기보다는 오히려 그 다름으로 인해 아름답게 어우러지는 백화만발(百花滿發)의 조화를 보일 것이다. 마지막 날에는 문화의 산물들이 모여 하나님의 영광을 찬양하는 일이 일어날 것이다. 무기와 같이 샬롬을 거스르는 것들은 형체도 없이 녹아 농기구가 될 것이다(사 2:4).

하나님 나라는 에덴 동산이 변화된 모습이다. 그것은 성이다. 에덴에는 금과 은을 비롯해서 각종 보석의 원석이 언급되어 있다. 새 예루살렘에는 금으로 포장된 도로가 나온다. 그 성의 벽과 문은 다 기억하기 어려울 정도로 다양한 보석들로 만들어진 것으로 묘사되고 있다. 모든 돌은 잘 갈면 보석이 될 수 있다는 이야기를 어느 세공인에게 들은 적이 있다. 하나님 나라는 모든 재능과 재료가 갈고 닦여 하나님의 영광을 위해 사용되는 곳일 것이다.

하나님 나라는 빛의 나라다. "일어나 빛을 발하라." 그 곳은 하나님의 은총과 영광을 증거하는 나라다. 거기에는 그늘이나 어두움이 없다. 세상을 향해 빛을 발하는 나라다. 어두움과 그 권세를 몰아낸 나라요, 도시 전체가 하나님의 거룩한 성전이다.

하나님 나라는 자력(磁力)을 가진 나라다. 누구나 그 곳에 들어와 살기 원한다. 그 나라의 의와 화평은 세상의 주목을 받기에 충분하다. 오늘날 많은 사람들이 미국이나 캐나다에 가서 살기를 원하지만 거기에 비할 바가 아니다. 많은 외국인들이 그 곳에 와서 성을 건축하며 세상의 왕들이 와서 오히려 그 곳의 시민을 섬길 것이라고 했다.

:: 공의와 화평이 입맞출 때까지

월터스토프는 「공의와 화평이 입맞출 때까지」(*Until Justice and Peace Embrace*)에서 또 다른 관점을 제공한다. 그는 특히 우리의 삶과 행위가 하나님 나라에 기여하는지를 판정할 잣대로 "샬롬"을 제시한다. 즉 우리가 하는 연구나 사업, 예술을 통해 평강과 공의가 증진되는지 그렇지 않은지를 반성해 보라는 것이다.

그가 서문 삼아 옮긴 라틴 아메리카의 기도는 그런 기준이 현실적으로 어떻게 실현 되어야 할지를 더욱 구체적으로 보여 준다.

> 오 하나님, 굶주린 자에게 빵을 주시옵고,
> 빵을 가진 우리를 공의에 주리게 하소서.
> O God, to those who have hunger give bread;
> and to us who have bread give the hunger for justice.

이 시는 성 프란체스코의 "평화의 도구"가 되기를 구하는 기도를 연상하게 만든다. 이런 자세로 사는 사람은 하나님과 이웃과 자연에 대해 평화와 공의를 실천하고자 한다. 월터스토프가 "샬롬"을 하나님 나라의 표지로 내세운 것에는 특별한 이유가 있다. 그는 이 세계가 20세기 이래 역사상 가장 풍요로운 시대를 맞고 있다고 보았다. 그럼에도 불구하고 한편에서는 가장 극심한 가난과 잔혹한 전쟁을 경험하는 자들이 있기에, 그는 이것을 정의의 문제로 보았다.

정의가 없는 곳에 화평이 있을 수 없다. 정의란 자기가 마땅히 누려야 할 것을 누릴 수 있는 사회적 조건이다. 화평은 하나님과 이웃 그리고 세계와 온전하고도 정의로운 관계를 누리는 것이다. 그래서 그는 자신의 책 제목을 시편 85:11-12에서 가져왔다.

> 긍휼과 진리가 같이 만나고 의와 화평이 서로 입맞추었으며
> 진리는 땅에서 솟아나고 의는 하늘에서 하감하였도다.

여기에 그려진 하나님 나라의 모습은 평강과 공의가 화합된 모습인데, 그것이 바로 샬롬이다. 긍휼은 따뜻하고 감정적이지만 진리는 차갑고 지적이어서 대체로 이 둘은 만나기 어려운 것처럼 보인다. 공의 역시 무사 공평의 날카로움을 함축한 듯 보이는 반면, 화평은 따사롭고 부드럽게 느껴진다. 이 세상에서 이 둘이 만나는 것은 쉽지 않아 보인다. 이 둘이 만나고 포옹하며 진정한 덕을 이루는 모습이 하나님 나라다.

월터스토프는 샬롬, 즉 평강과 정의를 그리스도인의 문화 활동의 잣대로 제시했다. 샬롬이야말로 우리의 실천이 옳은지 판단하는 간단하고도 정확한 잣대다. 하나님 나라라는 말은 자칫 추상에 그치기 쉽다. 따라서 이를 좀더 구체적인 표현으로 평강과 정의로 바꾸어 본 것이다. 그는 특히 평강, 즉 샬롬은 구약 성경에서 하나님 나라를 대표하는 개념이라고 보았다.

:: 비전과 현실

우리의 신앙 선조들도 하나님 나라를 나름의 시각에서 바라본 것 같다. 과거 불행한 역사 가운데 일제 강점기를 거치며 신앙으로 어려운 현실을 견디며 애국했던 이들의 삶은 우리에게 가깝고도 실감나는 모범이 될 수 있다. 모두가 잘 아는 윤동주 시인의 "서시"(序詩)는 그런 눈을 가진 선조의 마음을 엿볼 수 있게 한다.

죽는 날까지 하늘을 우러러
한 점 부끄럼이 없기를,
잎새에 이는 바람에도
나는 괴로워했다.
별을 노래하는 마음으로

모든 죽어가는 것을 사랑해야지.

그리고 나한테 주어진 길을

걸어가야겠다.

오늘 밤에도 별이 바람에 스치운다.

시인 윤동주뿐 아니라 우리나라 개신교의 한 세기 역사 속에서도 동일한 비전을 가진 이들은 적지 않았다. 이 시가 보여 주는 것처럼 그들은 히브리서 11장에 나오는 성도들의 발자취를 따라 걸었다. 동일한 하나님 나라에 눈길이 닿아 있었다. 그런 사람들은 현실의 유혹이나 모진 고초를 이길 힘을 가졌다. 그랬기에 대부분의 지도자가 변절했던 일제 후반기에도 특히 그리스도인들 가운데 애국자가 많이 나왔던 것이다. 한국 교회는 이들의 비전과 삶의 자세를 회복해야 민족과 국가 앞에 다시금 떳떳이 설 수 있을 것이다.

우리 역시 선조들이 가졌던 바른 신앙을 회복해야 한다. 그와 더불어 그들의 비전을 되찾아야 한다. 그 나라와 그 의를 우선 순위에 두고 살아가는 모범을 이어받아야 한다. 영광스러운 비전을 바라보며 과도기적 긴장을 견뎌 내야 한다. 무엇보다 기독교적 세계관에 충실한 사람이 되어야 한다. 다원주의 사회일수록 바른 관점을 가지고 입지(立地)가 분명해야 한다.

기독교 역사가 그리 길지 않은 우리나라가 주목해야 할 천국 비유 중 하나는 겨자씨 비유라고 생각된다. 이 비유는 작은 겨자씨 떡잎이 결국에는 새들이 와서 쉴 수 있을 정도로 크게 자라나는 비전을 보여 주는데, 한국 교회 역시 그런 과정을 겪어 지금에 이르렀기 때문이다. 현재도 그렇지만 앞으로도 더욱 큰 나무로 자라기를 기도한다.

얼마 전, 과거 일제가 교인들을 교회에 몰아넣고 불을 질러 죽인 제암리 교회에 간 적이 있었다. 그 교회는 당시 교회일 뿐 아니라 그 마을의 문화적 요람이었다. 거기서 복음이 전파되는 일 외에도 여러 활동이 있었을 것이라 짐작할 수 있다. 한글도 배우고, 망한 나라에 대한 울분도 삭이며 광복을 꿈꾸었을 것이다. 그런 활동들 때문에 복음을 부정적으로 여기는 사람은 거의 없다. 한국 교회가 그처럼 민족의 절망과 함께했을 때 복음의 능력은 어둠에 빠진 나라와 백성에게 더욱 소망을 주었기 때문이다.

우리는 5,000년의 역사를 가진 민족이다. 거기에는 오랜 문화의 뿌리들이 얽혀 있다. 우리의 살과 피 속에는 고대와 현대의 세계관이 섞여 흐른다. 어쩌면 100퍼센트 순수한 성경적 진리에 입각한 문화를 세우기는 불가능할지도 모른다. 하지만 하나님의 진리는 그것이 나타나는 모든 곳에서 주권적 힘을 발해야 한다. 다양한 세계관과 문화 속에 뒤섞인 하나님의 진리를 되찾아야 될 것이다. 세상은 성경의 진리에 비추어 바로 잡혀야 한다.

우리의 신앙 선조들도 천국 비전을 따라 걸었다. 우리는 단지 그들의 전통을 오늘의 역사에서 이어갈 뿐이다. 히브리서 저자는, 하나님이 이런 비전을 가지고 현실 속에서 긴장을 견디며 살아가는 이들을 자녀로 부르시는 것을 부끄럽게 여기지 않으셨다고 증거한다(11:16). 이 말씀은 동일한 길을 따라 걷는 우리도 자랑스럽게 여기실 것이라는 약속이기도 하다. 신앙은 계시를 통해 세상을 보는 확고한 비전을 전제로 한다. 그런 비전을 소유한 이들에게 요구되는 것은 인내이다. 그들은 소망 가운데 믿음으로 미래를 보며 현실의 어려움을 받아들이는 사람들이다. 그런 자세로 다가올 천국을 누리며 증거하며 살아간다.

그리스도인은 이런 비전과 경험 속에서 내일을 증거하며 살아간다.

그들은 비록 세상 속에 있으나 세상에 속한 이들은 아니다. 그들은 이호운의 찬양처럼 "영생을 맛보며 주 안에" 살아간다. 그것은 이미 아브라함의 삶으로 증명되었다. 그리고 그 뒤를 따른 모든 성도들이 누린 복이었다. 그것이 바로 지금 역사의 끝에 살고 있는 우리 그리스도인이 누릴 복이며 소명이다. 이 얼마나 벅차고 감격스러운 일인가.

결언: 우리 기독교 세계관 운동의 비전

∷ 기독교 세계관들

안경 쓴 니고데모의 이야기는 비록 상상이지만, 근거 없는 허구는 아니다. 수천 년 전 유대 지방에는 안경이 없었다. 하지만 그의 눈은 분명히 밝아졌다. 참으로 이상한 것은 김은국의 「순교자」이야기처럼, 눈이 밝아진 니고데모를 보았다는 사람이 많다는 것이다. 나도 이런 니고데모를 여러 곳에서 본 적이 있다. 미국과 네덜란드, 캐나다에서도 보았다. 그저 스쳐 지나가며 만난 것이 아니라 상당 기간 곁에 살면서 그들의 삶을 들여다 볼 기회가 있었는데, 나는 그들에게서 감동과 영향을 받지 않을 수 없었다. 그것은 큰 특권이었다.

니고데모 이야기는 물론 남의 나라 사람들만의 이야기가 아니다. 우리 주변에도 니고데모의 안경을 낀 사람들이 많다. 더욱이 성경의 근본 진리인 창조와 타락과 구속의 진리를 통해 세상을 보는 안목은 근래의 것이 아니다. 그것은 구속의 역사만큼이나 오래되었다. 그리고 시대적 차이에도 불구하고 이 비전의 성격은 근본적으로 동일했다. 이들은 모두 "하나님의 경영하시고 지으실 터가 있는 성을" 바라보며 걸었다. 점차 더욱 분명해지는 계시에 따라 얼마나 분명하게 그 나라를 이해했는가 하는 정도의 차이가 있을 뿐, 모두 다 믿음을 따라 순례자의 여정을 걸었다. 그 나라에 대한 비전을 가장 분명하게 본 사도 요한도 마찬가지였다.

역사 속의 모든 성도는 그 비전을 따라 걸었다. 기독교 세계관 운동은 바로 이런 전통을 계승한다. 그 운동은 히브리서 11장의 연장선상에 있다. 그것은 사실 이 세상의 어떤 신화나 전설보다 더 오래된 이야기다. 그 운동은 계시의 안경을 통해 세상을 보며 살아가는 사람들의 비전 이야기다.

역사 속에서 교회를 보면, 여러 교파가 형성되는 과정을 통해 이 비전에 대한 이야기가 다양한 방식과 형태로 전해내려 온다. 기독교 세계관에 관한 이야기가 하나가 아니라 여럿인 이유는 바로 이 때문이다. 구약의 성도들이 살아온 이야기가 사무엘서와 열왕기뿐 아니라 역대기에 다른 관점으로 조명된 것과 흡사한 일이라고 할 수 있을지 모른다. 또 이것을 사복음서가 같은 비전에 대한 네 가지 다른 관점을 가진 것에 비견할 수 있을지도 모른다.

또 다른 예로 리처드 니버(Richard Niebuhr)의 「그리스도와 문화」(Christ and Culture, 대한기독교서회 역간)는 기독교 교회 내의 다양한 세계관 전통을 유형별로 분류하는 작업이었다고 할 수 있다. 그가 제시한 것은 "문화관"이라는 하위 범주로서의 기독교 세계관 유형론이다. 그가 제시한 다섯 유형은, 반문화적 기독교 세계관, 문화 친화적 기독교 세계관, 문화와 대립하는 기독교 세계관, 문화 위에 군림하는 가톨릭적 세계관 그리고 변혁주의적 세계관 등이다.

:: 개혁주의 세계관 전통

나는 이 책에서 내가 설명한 것이 유일하게 성경적인 세계관이라고 고집할 생각은 전혀 없다. 기독교 세계관의 전통이 여럿임을 기꺼이 인정하기 때문이다. 서두에 밝혔듯이 이 책에서 설명한 세계관은 "개혁주의" 또는 "칼빈주의"라고 알려진 역사적 기독교 전통에 서 있다. 그것은 멀게는 어거스틴에 뿌리를 두고, 좀더 가깝게는 존 칼빈의 신학적 정리에서 발원한다. 그리고 좀더 가깝게는 19세기 말 네덜란드에서 다시금 일어난 칼빈주의 운동에서 비롯한다.

개혁주의 세계관은 여러 곳에서 계승되고 있는데, 우선 카이퍼가 네덜란드 암스테르담에 설립한 자유 대학교가 그 중심 역할을 했다. 네덜란드 이민자들이 세운 미국의 칼빈이나 돌트 대학교도 그렇다. 자유 대학 출신의 학자들이 캐나다 토론토에 세운 기독교학문연구소(Institute for Christian Studies)도 있다. 그 외에도 여러 대학과 연구 기관이 북미 대륙에 있다. 아울러 영국과 남아프리카 공화국, 호주와 뉴질랜드 그리고 한국과 일본에서도 그 영향력을 찾아볼 수 있다.

개혁주의 세계관이 가장 강력한 전통 중 하나라는 점은 의심의 여지가 없다. 그것은 신학적으로도 매우 뿌리가 깊다. 이 전통이 좁은 의미의 개혁주의 역사인 칼빈에 머물지 않는 이유는 그것이 초대교회의 역사적 신앙에 뿌리를 두기 때문이다. 칼빈은 종교개혁 시대에 어거스틴의 신앙을 회복하고자 했다. 물론 어거스틴의 신앙은 바울에게로 거슬러 올라간다. 또 그것은 "의인은 믿음으로 말미암아 산다"는 구약적 신앙과 복음의 핵심에 뿌리박고 있다.

하나님의 은혜와 믿음으로만 구원받는다는 바울과 어거스틴의 신앙 회복은 루터에게서도 분명히 나타난다. 그러나 칼빈주의의 특징은 '하나님 주권 사상'인데, 이것이 바로 성경적 세계관을 올바르게 정립하는 데 있어 개혁주의 전통이 기여하는 바다. 개혁주의는 모든 세계가 하나님께 속했다는 큰 안목과 그 고백에서 특징을 가진다. 바로 이 고백에서 카이퍼는 칼빈주의가 신학 체계이기를 거부하는데, 그것은 하나의 세계관이자 삶의 조망이었다.

이 전통 외에도 기독교 세계관을 진술한 경우는 많은데, 예를 들면 나우글(David K. Naugle, *Worldview*, 「세계관」)이 잘 보여 준 것처럼 스코틀랜드의 장로교 전통에서도 그 일을 시도했다. 카이퍼와 비슷한 시기에 활약한 신학자 제임스 오르(James Orr)의 기독교 세계관 체계가 그것이다. 그 후에도 기독교 세계관을 계승 발전시키려는 여러 사람의 노력이 있었다. 가깝게는 미국 웨스트민스터 신학교의 코넬리우스 반틸의 변증학 체계나 휘튼 칼리지의 아더 홈즈(Arthur F. Holmes)의 기독교 철학이 있다. 그리고 잘 알려진 레슬리 뉴비긴과 영국 기독교 철학자들이 보여 주는 세계관 논의가 있다. 이들은 모두 네덜란드 개혁주의 세계관 논의와 연관성을 지니면서 상당한 독립성도 가지고 있다.

우리 나라에 소개된 기독교 세계관은 주로 개혁주의 전통에 맥을 두고 있다. 하지만 그것이 유일한 것은 아니다. 자연히 우리가 읽는 기독교 세계관에 관한 번역서나 저술도 모두 같은 전통에 뿌리를 둔 것은 아니다. 하지만 이들은 모두 성경 진리에 입각한 "가족 유사성"을 가진다. 이들 사이의 차이나 강조점의 다양성은 건설적인 논의를 위한 자극제가 될 수 있다. 이런 논의는 그 수가 많고 치열할수록 좋은 것이라 생각한다. 최근 제기된 기독교 세계관에 대한 논의 역시 이러한 면에서 환영할 만한 일이다.

:: 한국 교회와 기독교 세계관 운동

한국 기독교가 이런 비전에 동참하게 된 것은 큰 복이 아닐 수 없다. 우리는 독특한 현대사의 영향으로 세계에서 몇 안 되는 강력한 기독교 국가가 되는 복을 받았다. 기독교 세계관에 관한 논의가 우리만큼 성숙한 수준에 이른 나라도 세계에서 열 손가락 안에 꼽을 정도다. 그만큼 우리의 기독교 세계관 논의는 하나님이 주신 큰 선물이며 귀중한 소명이기도 하다.

기독교 세계관이 발전한 나라는 반드시 기독교 문화에 대한 인식이 깨인 곳이다. 세계관 논의와 직결되어 있는 기독교적 학문에 대한 인식도 포스트모던 시대에 접어들면서 크게 약진하고 있다. 근래 들어서 기독교적 학문의 논의는 특히 기독교 대학에 대한 논의를 중심으로 전개되고 있다.

잘 알려진 바와 같이 유럽의 대학은 모두 기독교 교육 기관으로 출발했다. 물론 지금은 거의 모두 "세속화"된 상태다. 미국의 경우도 마찬가지여서, 하버드를 비롯해 초기의 모든 대학이 기독교 고등 교육 기관으로 시작되었으나 지금은 모두 세속화되었다. 평양신학교는 말할 것도 없고 숭실, 연세, 이화대학교 등 대부분의 고등 교육 기관이 '미션 스쿨'로 시작했던 우리나라도 마찬가지다. 그러나 미국의 경우는 여전히 크고 작은 사립 기독교 대학들과 그 곳에서 배양된 많은 능력 있는 학자들이 기독교적 학문의 중흥을 꾀하고 있다.

기독교 문화나 기독교적 학문의 핵은 기독교 세계관과 그에 입각한 지성에 대한 논의로 모아진다. 기독교적 지성의 가능성을 묻는 것은 매우 중요한 질문이다. "기독교적으로 사는 것이 가능한가?" "그리스도인의 정치는 어떤 면에서 달라야 하는가?" "바른 신앙과 세계관을 가지고 가정 살림을 하면 무엇이 달라지는가?" "기독교적으로 고스톱을 치는 것이 가능한가?" 이는 "기독교적으로 야구를 하는 것이 가능한가?"라는 질문과도 근본적으로 성격이 같다.

흥미로운 것은 그리스도인만 이런 질문을 한다는 것이다. 마르크스주의자들은 모든 학문이 당연히 그 이데올로기에 입각해야 한다는 것을 조금도 의심하지 않는다. 페미니스트도 마찬가지다. 심지어는 동성애자들도 소위 "게이 사이언스"를 주장하고 있다. 오늘날 학문의 중립성이라는 이상은 거의 소실된 상태로, 학문이 궁극적인 기초에 있어서는 종교적 신앙에 입각한다는 것을 모두가 인식하고 있다. 종교적 신앙이란 다름 아닌 세계관이다.

이는 학문뿐이 아니다. 진정한 공산주의자는 자신의 삶 전체가 그 이데올로기를 구현하기 위해 산다. 유교를 신봉하는 국가와 사회에는 정치와 경제 그리고 사회를 통틀어 유교 문화가 만들어진다. 조선 시대의 사회 제도는 당연히 유교적 세계관의 산물이었다. 정치 체제 역시 그러했다. 삼국 시대부터 고려 시대까지는 불교 문화가 지배적이었다. 건축, 예술, 문학을 비롯한 사회 전반이 불교의 영향을 받았다. 이러한 역사를 보면 기독교 학문이나 문화 담론이 공허한 이야기가 아님이 분명해진다. 아니 오히려 그리스도인이라면 당연히 추구해야 할 이상이다.

한국 기독교의 역사는 벌써 한 세기를 훌쩍 넘어섰다. 가톨릭의 역사까지 포함시키면 두 세기다. 한국 교회는 이제 성장할 뿐 아니라 성숙해져야 한다. 그러기 위해서는 초기의 진정한 역동성을 회복하는 한편, 더 나아가 성숙된 기독교 문화를 꿈꾸어야 한다. 그리고 이 모든 일의 기초는 성경의 근본 진리인 창조, 타락, 구속의 세계관적 비전이어야 한다. 그것은 마치 신구교를 통틀어 함께 고백하는 바 사도신경과 같이 기독교 공동체가 함께 믿는 근본 진리요 공통적인 비전이다. 성경에 기초한 세계관만이 오늘날과 같이 다양한 신앙 전통이 존재하는 상황에서 교회를 하나의 비전 공동체로 묶어 줄 수 있다.

:: 다원주의 사회 내의 기독교 세계관의 비전

초대교회 이래 교회는 다양성 속에서 하나 된 신앙을 축하하는 공동체였다. 하나님 나라는 더욱 그러하다. 열국의 왕들이 자신들의 보화를 가지고 들어와 창조주 여호와 하나님을 예배하는 것이 천국의 비전이다.

비록 피부색이나 언어가 달라도 한 신앙을 고백하는 곳에 하나님 나라는 다양한 모습을 보이며 이루어진다. 온갖 다양한 모양과 색깔의 꽃이 함께 어우러져 피어도 아름다운 정원을 이루는 백화만발의 원리다.

하나님 나라를 표현할 만한 또 다른 상징은 무지개이다. 마치 올림픽 깃발처럼 오대양 육대주의 모든 그리스도인이 함께 꿈꾸는 하나님 나라를 향해 역사는 움직인다. 하늘 보좌를 중심으로 모든 성도들이 함께 모여 찬송하고 일하며 영원한 안식으로 들어갈 때에 하나님 나라가 이루어진다. 이것이 모든 그리스도인이 함께 바라보는 비전, 곧 기독교 세계관의 절정이다. 무엇보다 기독교 공동체는 성경적 진리를 기초로 함께 하나님 나라를 바라보는 형제애가 넘쳐야 한다.

그리스도인은 아브라함처럼, 보는 것이 아니라 듣는 것에 따라 하나님 나라를 찾아나선 순례자다. 우리는 보는 것을 믿는 것이 아니라 말씀에 따라 믿는 것을 본다. 창조와 타락과 구속의 진리를 통해 세상 속에서 하나님 나라를 본다. 히브리서 11장의 성도 열전이 증거하는 것처럼 이 비전을 가진 사람은 세상이 감당할 수 없다고 했다. 히브리서의 성도의 열전이 이를 증거한다. 이런 비전의 공동체가 참된 교회요 성도이며, 하나님 나라를 향한 공동체의 비전 및 그 나라와 그의 의를 사모하는 열정이 이들을 한데 묶는다.

그러한 비전과 열정이 없거나 약한 기독교 공동체는 방향을 잃기 십상이다. 또 예수 그리스도가 거기에 주안점을 두고 강조한 하나님 나라 아닌 다른 것에 눈을 돌리기 일쑤다. 교회 성장 지상주의 같은 것이 그 좋은 예이다. 교회는 교회 자체가 아니라 하나님 나라를 위해 모이고 성장하고 성숙해야 한다. 교회의 모든 프로그램은 하나님 나라의 비전에 의해 인도되어야 한다. 그렇지 못한 제자 훈련 전도와 선교 프로그램 같은 것들은 자칫 기계적이며 기쁨과 열정이 결여된 억지 신앙을 만들어 내는 기술이 되기 쉽다.

이는 기독교 세계관 과정이나 프로그램도 마찬가지다. 특히 창조의 질서와 문화에 대한 관심이 강한 반면 구속적 관점이 약하다는 지적은 우리가 귀기울여야 할 부분이다. 특히 지적인 면에 편중된 일부 기독교 세계관 프로그램은 개인적이며 깊이 있는 영성 훈련의 중요성을 간과하는 약점을 지적받아야 마땅하다.

기독교 지성이란 기독교 세계관에 입각한 지적 활동과 그 결과다. 개혁주의가 일찍이 간파한 것은 이성이 하나의 도구라는 사실이다. 즉 이성은 자율적인 것이 아니라, 궁극적으로 헌신한 삶의 바탕 위에 움직인다. 그것은 감성이나 의지와 같은 한 가지 기능에 불과하다. 성경의 진리에 대한 열정이 약해지고 경건의 훈련과 삶이 결여되면, 남는 것은 껍데기 같은 메마른 지식뿐이다. 그런 내실 없는 프로그램만으로는 세상의 변혁은 고사하고 한 인간의 심령도 변화시키지 못한다.

한국 교회는 성도들의 안목을 자칫 좁히기 쉬운 프로그램 공해에 시달리고 있다. 기독교 세계관 운동도 그 본연의 능력을 상실하면 이 공해를 악화시키는 데 기여할 뿐이다. 복음의 능력으로 사람의 마음을 바꾸고 눈을 열어 비전을 가지게 하는 세계관 본연의 진리로 돌아가는 것이 필요하다. 오늘과 같은 사회에서는 확신 있는 비전일수록 반드시 시민적 성숙과 대화를 통해 제시되어야 한다. 특히 확신에는 차 있으나 독단과 편협성에 빠져 "무례한 기독교"가 되지 않도록 주의해야 할 시대다. 이를 위해서는 시민적 교양을 갖추어야 한다. "세상 속에 있으나 세상에 속하지 않은 것"이 그리스도인의 독특한 정체성이다. 그리스도인은 다원주의 시대를 살지만 다원주의적이지 않은 신앙을 가져야 한다. 그러나 신앙이 무례함을 정당화해 주는 것은 아니다. 열려 있는 신앙으로 세상을 품고 변화시킬 수 있는 자신감 있는 그리스도인이 이 시대에 바른 성도이다.

:: 한국 기독교 세계관 운동의 사명과 비전

앞서 말했듯이 교리적 전통에 따라 기독교 세계관의 형태가 다양할 수 있는 것이 사실이다. 하지만 그것의 통일성은 성경의 기본 진리에 입각해 있다. 아울러 보는 눈은 달라도 세계는 결국 단 하나뿐이라는 사실에 기초해 있다. 세계관은 무수히 다양할 수 있다. 하지만 그것들은 결국 하나의 같은 세계에 대한 여러 관점들일 뿐이다. 따라서 다양한 관점들이 얼마나 정확하며 바른 것인지는 하나님이 만드신 세상의 원리를 토대로 점검해야 한다. 이리하여 세계관 논의에서는 때에 따라 세계가 강조되기도 하고 관점이 강조되기도 한다. 그것은 관심사와 상황에 따라 결정된다.

세계에 대한 인식은 근본적인 초점이 있고 세계와 문화로 확산되는 부분이 있다. 전자가 뿌리에 해당한다면, 후자는 가지와 줄기에 해당한다. 위기의 때에 우리는 근본을 돌아보고 뿌리에 주목한다. 종교적인 질문들인 어디서부터 왔는지와 죄 그리고 죽음을 돌아본다. 하지만 평안할 때는 우리 눈이 세계를 향하고 문화를 향할 수 있다. 자연히 세계관 논의는 세계의 근본 의미를 주목하지만, 동시에 다양하게 펼쳐지는 '뷰'(view), 즉 관점들에 초점을 맞추기도 한다.

한국 교회를 돌아보며 많은 사람들이 하나님의 특별하신 뜻을 생각하게 된다. 앞서 말했듯이 기독교 세계관에 기초한 문화와 사회의 변혁을 논할 수 있는 나라는 세계에서 열 손가락으로 꼽을 수 있을 정도다. 우리는 하나님의 큰 선물을 받았다. 그러므로 그 선물과 함께 주신 사명에 깨어 있어야 한다. 하나님의 선물은 항상 사명과 함께 오기 때문이다.

한국의 그리스도인들은 이 사명을 진지하게 생각해야 한다. 세대가 거듭될수록 세계관 운동은 이 사명을 인식하며 하나님 나라를 향한 공동의 비전을 가다듬어야 한다. 이 일을 생각하며 에베소서 1:17-19에 나오는 사도 바울의 다음과 같은 기도의 응답이 우리 나라 기독교 세계관 운동의 복이 되길 소망해 본다.

> 우리 주 예수 그리스도의 하나님, 영광의 아버지께서 지혜와 계시의 정신을 너희에게 주사 하나님을 알게 하시고 너희 마음 눈을 밝히사 그의 부르심의 소망이 무엇이며 성도 안에서 그 기업의 영광의 풍성이 무엇이며 그의 힘의 강력으로 역사하심을 따라 믿는 우리에게 베푸신 능력이 지극히 크심이 어떤 것을 너희로 알게 하시기를 구하노라.

기독교 세계관은 예수 그리스도를 보내 주신 하나님의 "지혜와 계시의 정신"을 따라 세상을 보는 안목이다. 부디 주께서 기독교 세계관을 공부하는 모든 이들의 "마음 눈을 밝히사" 세상을 복음적 변혁의 비전과 소망으로 볼 수 있게 되기를 기도한다.

지금 한국 교회는 어려움을 맞고 있다. 사회 전반적으로도 마찬가지다. 교회나 사회 모두 역사와 문화적 방향 감각을 상실한 것이 어려움의 한 원인이다. 비전의 상실도 의심된다. 이러한 때에 그리스도인의 비전을 돌이켜 보는 것은 중요하다. 한국 교회와 기독교 세계관 운동의 부흥을 위해 간절히 기도한다. 그런 소원 속에 떠오르는 찬송이 하나 있는데, 찬송가 533장에 "내 맘의 주여 소망되소서"라 번역된 7세기 아일랜드의 찬송이다. 그 가사의 각 절 처음과 마지막에는 다음과 같은 기도가 담겨있다.

> 내 맘의 주여 나의 비전이 되소서.
> 내 참된 말씀이시여 나의 지혜가 되소서.
> 내 방패 되신 주여 나의 승리가 되소서.

내 보물 하늘에 높으신 주여 나의 보화가 되소서.

내 승리 되신 주여 내게 하늘의 기쁨을 주소서.

내게 어떤 고난이 닥쳐와도 만유의 주여 나의 비전이 되소서(저자 번역).

힘들고 어두운 시기를 지나는 한국 교회에도 이 찬송이 울려 퍼지길 원한다. 한국 교회는 이 어두운 시기에 바른 비전을 회복하여 사회와 한반도의 등불이 되어야 할 것이다. 나아가 시인 타고르의 예언처럼 세계를 복음의 빛으로 밝히는 "동방의 햇불"이 될 수 있어야 할 것이다. 부디 한국 교회가 사명을 다하기까지 하나님이 은혜의 촛대를 옮기시지 않기를 기도한다. 한국의 기독교 세계관 운동의 영원을 사모하는 비전이 이에 기여할 수 있기를 간구한다.

부록 1

개혁주의 세계관 연구를 위한 추천 도서

◯○○ **개혁주의 세계관**

입문: 거기 계시는 하나님 __ 프란시스 쉐퍼 __ 생명의말씀사

거기 계시며 말씀하시는 하나님 __ 프란시스 쉐퍼 __ 생명의말씀사

그리스도인의 비전 __ 리차드 미들톤, 브라이언 왈쉬 __ IVP

기독 지성의 책임 __ 코넬리우스 플란팅가 Jr. __ 규장문화사

기독교 세계관 __ 양승훈 __ CUP

기독교의 관점에서 __ 손봉호 __ 도서출판 나비

이기적인 돼지 라브리에 가다 __ 수잔 쉐퍼 맥콜리 __ 홍성사

이성으로부터의 도피 __ 프란시스 쉐퍼 __ 생명의말씀사

천국만이 내집은 아닙니다 __ 폴 마샬 __ IVP

Masterplan __ Roy Clements __ IVP UK

The Drama of Scripture __ Craig Bartholomew __ Baker Books

심층: 그리스도인 이제 어떻게 살 것인가 __ 찰스 콜슨 __ 요단

기독교 세계관과 학문 __ 강영안 __ CUP

기독교 세계관과 현대 사상 __ 제임스 사이어 __ IVP

기독교 세계관이란 무엇인가? __ 이승구 __ SFC

루이스 vs 프로이트 __ 아맨드 M. 니콜라이 __ 홍성사

복음주의 지성의 스캔들 __ 마크 놀 __ 엠마오

서구 사상의 황혼에서 __ 헤르만 도예베르트 __ 크리스챤다이제스트

서양 문화의 뿌리 __ 헤르만 도예베르트 __ 크리스챤다이제스트

세상 속의 그리스도인 __ 자끄 엘룰 __ 대장간

창조·타락·구속 __ 알버트 월터스 __ IVP

Deeping the Colors __ Sydney J. Hielema __ Dordt College Press

Total Truth __ Nancy R. Pearcey __ Crossway

Until Justice and Peace Embrace __ Nicholas Wolterstorff __ Eerdmans

○○ 창조(세상, 인간)

입문: 가슴 없는 인간 __ C. S. 루이스 __ 생명의말씀사

성경에서 본 인간 __ 프란시스 나이젤 리 __ 엠마오

세상이 어떻게 시작되는가 __ 헬무트 틸리케 __ 컨콜디아사

인간: 하나님의 형상 __ 제람 바즈 __ IVP

인간 존엄을 향한 하나님의 디자인 __ 리차드 L. 프랫 __ 엠마오

창세기의 시공간성 __ 프란시스 쉐퍼 __ 생명의말씀사

심층: 개혁주의 인간론 __ 안토니 A. 후크마 __ CLC

언약과 창조 __ 윌리암 J. 덤브렐 __ 크리스챤서적

창조 __ 클라우스 베스터만 __ 분도

○○ 타락(악, 고통)

입문: 고난과 죽음의 의미 __ R. C. 스프라울 __ 생명의말씀사

고통보다 깊은 __ 폴 투르니에 __ IVP

내가 고통당할 때 하나님은 어디 계십니까 __ 필립 얀시 __ 생명의말씀사

심층: 고통의 문제 __ C. S. 루이스 __ 홍성사

나는 사랑하는 사람을 잃었습니다 __ 니콜라스 월터스토프 __ 좋은씨앗

헤아려 본 슬픔 __ C. S. 루이스 __ 홍성사

◯◯ 구속(예수, 구원, 윤리, 종말)

입문: 구원이란 무엇인가 __ 김세윤 __ 두란노
복음이란 무엇인가 __ 김홍전 __ 성약
온전한 그리스도인이 되려면 __ 존 스토트 __ IVP
종말 종말 종말 __ 스테판 트레비스 __ IVP
현재의 문화와 미래의 천국 __ 리차드 마우 __ 두란노

심층: 개혁주의 종말론 __ 안토니 A. 후크마 __ CLC
계약신학과 그리스도 __ 팔머 로벗슨 __ CLC
마음의 혁신 __ 달라스 윌라드 __ 복있는사람
새언약과 새창조 __ 윌리암 J. 덤브렐 __ CLC
하나님의 모략 __ 달라스 윌라드 __ 복있는사람

◯◯ 하나님 나라(교회, 비유)

입문: 복음과 하나님의 나라 __ 그래엄 골즈워디 __ 성서유니온
하나님 나라 __ 최낙재 __ 성서유니온

심층: 하나님 나라 어떻게 이해할 것인가 __ 양용의 __ 성서유니온
하나님 나라와 교회 은혜와 영광 __ 게할더스 보스 __ 크리스챤다이제스트
하나님 나라의 도래 __ 헤르만 리덜보스 __ 말씀사

◯◯ 소명(학문, 직장)

입문: 기독교적 학문 연구@현대 학문 세계 __ 조지 마스덴 __ IVP
소명 __ 오스 기니스 __ IVP
직업과 소명 __ 김재영 __ IVP
평범한 일 속의 특별한 소명 __ 진 에드워드 베이스 __ 멘토

🔍 문화

입문: 그리스도인의 사회적 역할 __ 로버트 E. 웨버 __ CLC

기독교 문화론 __ 서철원 __ 총신대출판부

대중문화는 기독교의 적인가 동지인가 __ 켄 마이어스 __ 나침반

맥주, 타이타닉, 그리스도인 __ 윌리엄 로마노프스키 __ IVP

신국원의 문화 이야기 __ 신국원 __ IVP

칼빈주의 문화관 __ 헨리 반틸 __ 서광문화사

심층: 그리스도와 문화 __ 리차드 니버 __ 대한기독교서회

변혁과 샬롬의 대중문화론 __ 신국원 __ IVP

예술과 영혼 __ 힐러리 브랜드, 아드리엔느 채플린 __ IVP

칼빈주의 __ 아브라함 카이퍼 __ 세종문화사

하나님과 문화 __ D. A. 카슨 외 __ 크리스챤다이제스트

한국기독교 문화신학 __ 김영한 __ 성광문화사

현대 예술과 문화의 죽음 __ 한스 로크마커 __ IVP

부록 2

기독교 세계관과 관련된 연구기관 및 학교 목록

○○ 네덜란드 자유 대학교(Vrije Universiteit)

1880년에 훗날 네덜란드의 수상을 지낸 아브라함 카이퍼의 노력으로 설립된 개혁주의 기독교 대학교로서 대표적인 기독교 철학자 헤르만 도예베르트를 배출했다. '기독교 세계관을 토대로 제(諸) 학문을 발전시킨다'는 기독교 학문의 이상을 세계에 퍼트린 중심 기관이라고 할 수 있다.

http://www.vu.nl 또는 http://www.english.vu.nl

○○ 캐나다 기독교 학문연구소(Institute for Christian Studies)

1967년에 네덜란드 자유 대학교의 이상을 북미에 구현하기 위해 설립되었다. 규모는 작지만 활발한 연구와 출판을 통해 기독교 세계관 운동의 구심점 역할을 하고 있다. 기독교 세계관 석사 과정이 있으며 네덜란드 자유 대학교와 공동 박사 학위 프로그램을 운영함과 동시에 최근 캐나다 정부로부터 박사 학위 프로그램 개설 허가를 받았다.

http://www.icscanada.edu

○○ 미국 칼빈 대학교(Calvin College)

1876년 네덜란드계 이민자들이 세운 북미의 대표적인 학교로 기독교 세계관에 입각한 통합적 고등교육을 지향한다. 미국 개혁 교단의 칼빈 신학교가 함께 있다.

http://www.calvin.edu

⚭ 미국 돌트 대학교(Dordt College)

1955년 네덜란드계 이민자들에 의해 세워진 기독교 대학이다. 현재 학생 수 2,000명 정도의 작은 대학으로 기독교 세계관에 입각한 통합적 학문 연구와 교육에 힘쓰고 있다.
http://www.dordt.edu

⚭ 캐나다 리디머 대학교(Redeemer University College)

1976년 칼빈이나 돌트 대학과 같이 네덜란드계 개혁 교회에 의해서 캐나다에 세워진 대학이다. 역시 기독교 세계관에 입각한 인문 교육에 힘쓰고 있으며 부설 도예베르트 연구소(The Dooyeweerd Centre for Christian Philosophy)와 파스칼 연구소(The Pascal Centre for Advanced Studies in Faith and Science)를 통해 철학과 과학을 기독교 세계관과 통합하는 이론 정리 기초 작업을 하고 있다. 「창조·타락·구속」의 저자 알버트 월터스가 이곳에서 가르치고 있다.
http://www.redeemer.on.ca

⚭ 국제개혁주의 철학회(Association for Reformational Philosophy)

네덜란드 유트레히트에 본부를 두고 있는 이 철학회는 전 세계의 기독교 세계관에 입각한 철학 연구자들의 학회이며 5년마다 국제학술 심포지엄을 개최하고 있다.
http://come.to/reform.philos

⚭ 캐나다 리전트 칼리지(Regent College)

1968년 캐나다 서부 브리티시 콜롬비아 주 밴쿠버 시에 세워진 대학원 과정의 학교로서 신학과 기독교 학문을 폭넓게 연구하며 삶에 적용시키는 프로그램을 개발하여 교육하고 있다.
http://www.regent-college.edu

⚬⚬ 남아프리카 공화국 포체스트롬 대학교(Potchestrom University, South Africa)

남아프리카 공화국은 네덜란드의 영향을 받아 기독교 세계관에 입각한 학문 연구가 진행되어 왔다. 그 중 포체스트롬 대학교가 대표적인 통합 연구와 교육의 중심지다.

⚬⚬ 국제 기독교 고등교육 진흥협회(International Association for the Promotion of Christian Higher Education)

미국 아이오와 주 수 센터 소재 돌트 대학 내에 본부를 둔 이 협회는 전 세계 기독교 학자들의 연합회이며 북미, 아시아-오세아니아, 남미, 유럽, 아프리카의 지역 협회를 두고 있으며 2, 3년마다 국제 학술 회의를 주재하고 있다. Christian Academic Studies Certificate라는 국제 통신교육 과정을 통해 기독교 세계관에 입각한 고등학문 연구 프로그램을 제공하고 있다.

http://www.iapche.org

⚬⚬ 밴쿠버 세계관 대학원(VIEW)

기독교대학설립동역회에서 기독학술교육동역회로 발전한 단체가 모체가 되어 캐나다 브리티시 콜롬비아의 밴쿠버 시에 설립된 이 기관은 기독교 세계관 및 통합 연구와 교육을 담당하고 있다.

http://www.dew21.org 또는 http://www.view.edu

⚬⚬ 한국기독교학문연구소(KCSI)

1984년 한국에서는 처음으로 기독교 세계관 운동을 전개하는 모임인 기독교학문연구회로 결성되어 초창기 멤버들 대부분이 교수와 연구원 등으로 학계에 진입하면서 2000년에 연구소로 발전했다. "신앙과 학문"이라는 통합적 시각을 가진 기독교 학술지를 계간으로 발간하고 있다.

http://www.kcsi.or.kr

한국기독교철학회(KCPA)

한국철학회 산하의 분과학회로 등록이 되어 있으며, 전국의 복음적인 기독교 신앙을 가진 철학자들의 학회다. 매년 봄과 가을에 학회를 개최하며 한국철학회 전체 학회에서도 논문을 발표하고 있으며 금년(2005년)부터 학회지를 발간한다.

문의: 고려대학교 철학과 하종호 교수(ha@korea.ac.kr)

니고데모의 안경

초판 발행 2005년 4월 20일
초판 26쇄 2025년 11월 20일

지은이 신국원
펴낸이 정모세

편집 이성민 이혜영 심혜인 설요한 박예찬
디자인 한현아 서린나 | 마케팅 오인표 | 영업·제작 정성운 이은주 조수영
경영지원 이혜선 이은희 | 물류 박세율 정용탁 김대훈

펴낸곳 한국기독학생회출판부 | 등록번호 제2001-000198호(1978.6.1)
주소 04031 서울시 마포구 동교로 156-10
대표 전화 (02) 337-2257 | 팩스 (02) 337-2258
영업 전화 (02) 338-2282 | 팩스 080-915-1515
홈페이지 http://www.ivp.co.kr | 이메일 ivp@ivp.co.kr
ISBN 978-89-328-4538-8

ⓒ 신국원 2005

책값은 뒤표지에 있습니다.
무단 전재와 복제를 금합니다.